すぐに役立つ

◆困ったときに読む◆

入門図解
親の病気・入院・介護 手続きサポートマニュアル

行政書士 **若林 美佳** 監修

三修社

本書に関するお問い合わせについて
　本書の内容に関するお問い合わせは、お手数ですが、小社あてに郵便・ファックス・メールでお願いします。お電話でのお問い合わせはお受けしておりません。内容によっては、ご質問をお受けしてから回答をご送付するまでに１週間から２週間程度を要する場合があります。
　なお、個別の案件についてのご相談や監修者紹介の可否については回答をさせていただくことができません。あらかじめご了承ください。

はじめに

　「親の介護」というのは現在の日本において最も深刻な問題といっても過言ではないかもしれません。

　人は誰でも年齢を重ねるにつれて、徐々に健康状態が悪化したり、身の回りのことができなくなったりします。核家族化が進んだ今日では高齢者だけの世帯や高齢者の一人暮らし世帯が増えており、多くの場合は子どもが面倒を見ることになるのが実情でしょうが、世話をする家族の負担も過大になります。そのため、日常生活を送る上で不安があるようであれば、老人ホームや介護関係の施設など、新しい住まいへの転居も検討しなければなりません。「高齢者のための住まい」にも、いろいろな選択肢があり、実際に入居して生活していくためには、施設の特徴や入居条件、提供される介護サービスの内容を知り、後から困らない程度の知識をつけておく必要があるわけです。

　介護離職や介護自殺など、介護をめぐっては目を覆いたくなるニュースが起こる今日です。利用できる制度をあらかじめ知って事前の備えをしておくことが大切です。

　本書は、親が重い病気にかかり入院した場合や介護が必要な状態になった場合に知っておくべきポイントを解説しています。「公的医療保険のしくみはどのようになっているのか」「介護保険ではどんなサービスを受けることができるのか」「自宅で面倒を見ることが難しくなった場合にどんな施設に入所することができるのか」「有料老人ホームに入るときにどんなことに注意するのか」といった、親の入院・介護で心配に思う点について解説しています。

　また、成年後見制度や財産管理委任契約など、親の容体・状況によっては検討しなければならない財産管理のための各種制度についても記載しました。

　本書をご活用いただき、高齢者の家族を介護する皆様の一助にしていただければ幸いです。

　　　　　　　　　　　　　　　監修者　行政書士　若林　美佳

Contents

はじめに

序章　親の介護が必要になったら
1　親が倒れて入院したらどうする　　8
2　在宅介護と施設介護のどちらを選択するか　　12
3　在宅介護をするときの体制を整えよう　　15

第1章　医療保険のしくみと活用法
1　親の医療ではどんな公的保険を使うのか　　18
2　どんな場合に健康保険の保障を受けることができるのか　　21
3　ケガ・病気の際の給付と自己負担する金額を知っておこう　　25
4　保険がきかない医療はどのように取り扱われるのか　　28
5　高額療養費について知っておこう　　31
　　書式　健康保険限度額適用認定申請書　　35
6　高額医療・高額介護合算療養費制度について知っておこう　　36
7　入院した場合、どんな給付を受けることができるのか　　38
8　健康保険の家族に対する給付について知っておこう　　40
9　訪問看護療養費・移送費とはどんな給付なのか　　42
10　国民健康保険について知っておこう　　44
11　国民健康保険制度の給付の種類について知っておこう　　46
12　65歳以上の人が加入する医療保険制度について知っておこう　　48
13　後期高齢者医療制度の給付について知っておこう　　50
14　医療費が軽減される各種制度について知っておこう　　52
15　扶養控除・社会保険料控除をうまく活用する　　55
16　民間の医療保険を活用しよう　　57

第2章　介護保険のしくみと活用法
1　介護保険のサービスを利用できる人について知っておこう　　62
2　介護保険のサービスを利用できる対象はどんな人なのか　　65
3　要支援・要介護とはどんな状態をいうのか　　67

4　介護給付と予防給付について知っておこう	69
5　ケアプランを作成するサービスについて知っておこう	73
6　自宅で受けることができるサービスについて知っておこう	75
7　通所で利用するサービスについて知っておこう	80
8　短期間だけ入所するサービスについて知っておこう	82
9　訪問・通い・宿泊を組み合わせたサービスがある	85
10　福祉用具のレンタルや購入補助について知っておこう	87
11　介護のためのバリアフリーについて知っておこう	89
12　介護サービスを利用した時の利用料について知っておこう	91
13　介護認定のしくみについて知っておこう	95
14　ケアマネジメント・ケアプランについて知っておこう	98
15　契約締結上の注意点をおさえておこう	100
16　民間の介護保険の活用も検討する	102
Column　介護休業や介護休暇制度を上手に活用する	104

第3章　施設への入所を検討する

1　どんな施設や住まいがあるのか	106
2　入所・入居するとどのぐらいの費用がかかるのか	110
3　施設選びのポイントについて知っておこう	115
4　特別養護老人ホームについて知っておこう	118
5　介護老人保健施設について知っておこう	124
6　有料老人ホームの形態や費用について知っておこう	127
7　軽費老人ホームについて知っておこう	132
8　ケアハウスについて知っておこう	135
9　グループホームについて知っておこう	138
10　グループリビングをするにはどうしたらよいのか	140
11　サービス付き高齢者向け住宅について知っておこう	142
12　その他の高齢者が入居できる施設や住宅について知っておこう	144

第4章　有料老人ホームに入るには

1　有料老人ホームの形態・契約方式について知っておこう　150
2　入居一時金と月額利用料金がかかる　153
3　契約前に十分確認することが重要　156
4　請求書をほったらかしにせずしっかりと確認する　160
5　経営者によってホームの雰囲気は大きく変わる　162
6　情報公開がどの程度行われているかチェックする　165
7　入居者の権利と安全を守るための義務が課せられている　169
8　パンフレットの見栄えに騙されないように注意すること　171
9　パンフレットだけで入居を決めない　174
10　本人と家族が一緒に行くのが理想である　179
11　今後の生活を想定してチェックする　184
12　具体的な医療・介護体制の確認をする　190
13　メリハリのある日常を送れるよう工夫されている　193
Column　ホームに居られなくなることはあるのか　196

第5章　財産管理が必要になったときの制度

1　財産を管理するための方法にはどんな手段があるのか　198
2　成年後見制度とはどんな制度なのか　202
3　任意後見制度について知っておこう　206
4　財産管理委任契約・任意代理契約について知っておこう　209
5　信託やリバースモーゲージを活用するという方法もある　212
6　お金がないときにどのように医療費・介護費を捻出するか　214
　　書式　介護保険負担限度額認定申請書　216
7　生活保護を受けなければいけなくなったらどうする　217

第6章　その他、こんな場合にどうする

1　介護をする際の心構えについて知っておこう　222
2　認知症の兆候と介護の方法について知っておこう　226
3　施設での虐待や事故について知っておこう　229

序章

親の介護が必要になったら

1 親が倒れて入院したらどうする

いざという時に備え、シミュレーションや入院手順を知っておく

■ 連絡を受けたらどうする

　人間は必ず年をとる生き物です。平均寿命が伸びたことで元気な高齢者は増えたものの、一般的に還暦を超えた親を持つ場合、突然倒れたという連絡が来るかもしれないという可能性について考えておかなければなりません。

　親が倒れたとの連絡を受けた場合、第一に考えるべきことは、距離や状況にもよりますが、一刻も早く親の元へ向かうことです。病状が軽い場合でも、直接顔を合わせることは、よりお互いが安心できるという効果があります。

　突然の連絡で、平静ではいられず慌ててしまうことも十分考えられます。親と同居している場合や近隣に住んでいる場合であれば即座の対応が可能ですが、親と離れて暮らしている場合などは、いざという時に備えて自宅や職場から親のいる場所までの経路や交通手段などについてシミュレーションをしておくことが重要です。職場以外にも、行きつけの病院や習いごとなどの定期的に出かける場所があれば、忘れずに調べておきましょう。

■ 救急で病院に運ばれた場合

　救急車などで病院へ運ばれ、入院や手術が必要な状況となった場合は、遠方に住んでいる場合であってもまずは病院へ向かいましょう。距離が遠いときや事情などですぐに到着することができない場合は、他の親族にも連絡し、駆けつけるよう頼む方法や、応援を要請する方法も有効です。

病院へ到着したら、まずは親の容体を伺い、その上で入院の手続きや入院中の看病体制、退院後の動向について検討します。親の今後を左右する判断となるため、病院の担当医などの判断を仰ぎながら、できるだけ冷静に検討をしていく必要があります。
　両親が健在で、一方の親が入院することになった場合は、元気である方の親に協力をしてもらうことができますが、その親も介護が必要な状態である場合や、そもそも一人暮らしの親であった場合は、子が先導して行うことになります。
　親の入院中は、原因となる病気やケガの治療はしてもらえるものの、着替えや食事などは親族が行う場合があります。もともと親と同居、あるいは近くに住んでいる場合であればある程度のサポートは可能ですが、自身がフルタイム勤務で思うように休みが取れない場合や、遠方に住んでいる場合はカバーしきれない可能性があります。自身の他にも兄弟（姉妹）がいる場合は話し合いの場を設け、どのような体制で親を支えて行くかを検討しなければなりません。

■ 入院準備について

　病院へ入院するという場合には、さまざまなケースが考えられます。たとえば、親が病気で急に倒れた場合や転んでケガをした場合、入院の必要があると医師から話をされた場合、救急病院よりかかりつけの病院への入院を勧められた場合などです。
　このような場合に慌てることがないよう、入院にまつわる準備の内容について知っておく必要があります。
　一般的に病院へ入院する場合は、入退院について扱う受付で手続きを行います。その際には、まずは病院の診察券と保険証（健康保険・国民健康保険・後期高齢者医療など）が求められます。
　その後、入院申込書に記入を行い、提出します。必要となる項目の中には、連帯の保証人や身元引受人が求められる場合があるため、検

討する必要があります。
　また、入院が必要になった場合は、外来の窓口よりあらかじめ入院指示書を受け取ることになります。入院指示書には、病状や入院にあたっての注意事項が記載されているため、こちらもあわせて入院申込みの手続きの際に提出します。

■■ 入院診療計画を活用する方法もある

　ただでさえ「入院」という事態は、入院患者やその家族を不安にさせるものです。その上、退院のメドがたたない場合やその後の生活のイメージができない場合などは、さらに滅入ってしまう可能性があります。入院が長期にわたった場合は、親の生活をどのようにサポートするか、仕事はどうするか、なども考えなければなりません。
　このような場合に有効となるのが、**入院診療計画書**です。入院診療計画書には、病気やケガの具合や治療の方法やその日程、予想される入院の期間、退院に向けてのリハビリ内容などが細かく記されています。この計画書を見ることで、自分が親のためにどのように動いていけばよいのかをイメージすることができます。
　入院診療計画書は、たいていの病院では入院後しばらくして（数日程度）で作成、配布されます。計画書を配布された際に、不明点についてはどんどん質問し、解決していきましょう。

■■ 院内のソーシャルワーカーへの相談は不可欠

　入院時に大きな存在となるのが、院内の**ソーシャルワーカー**です。
　医療ソーシャルワーカーともいい、社会福祉系の大学を卒業した者や、社会福祉士、精神保健福祉士などの資格をもつ者が担当します。社会福祉の専門家としての立場から、入院患者やその親族の不安や問題を取り除く役割を果たします。
　医療ソーシャルワーカーは、入院中のさまざまな問題をサポートす

る他、患者が退院し、社会復帰を果たすための援助活動、病院関係者との連絡係などを受け持ちます。精神的不安を抱える患者や家族の相談役にもなり、漠然とした気持ちを抱える場合などで医師や看護師に相談しづらい場合などでも気軽に話を聞いてもらうことができます。親の退院後に介護施設への入所を検討している場合は、その際の手続き方法なども詳細にわたり教えてもらえるなどのメリットがあります。

■ 親が倒れてから入院・退院までの流れ

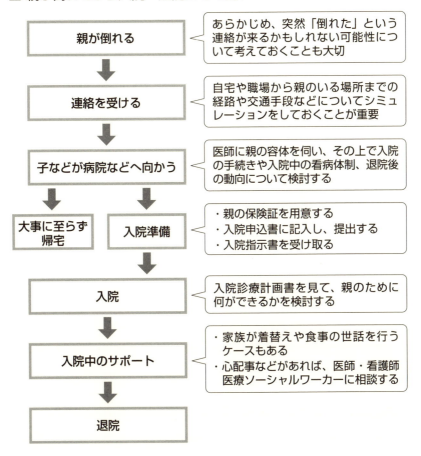

2 在宅介護と施設介護のどちらを選択するか

ある程度の経済力がないと施設介護への入所は難しい

■■ どのタイミングで決断すればよいのか

　実際に親が一人で生活することが困難になった場合、在宅介護と施設介護、どちらの方法を選択するかは、親にとっても家族にとっても非常に重要な決断となります。目先の事象にとらわれて安易に答えを出すと、誤った選択をしてしまう可能性があるので、検討は慎重に、親や家族の意見を聞きながら行わなければなりません。

　在宅介護と施設介護の決断を行うタイミングには、主に2種類のターニングポイントがあります。一つは、両親のうち片方が亡くなった場合などです。これまでは両親が助け合って生活していたとしても、一人になった場合に、高齢化した親が炊事・洗濯などを行い、日用品の買い出しに出かける行為が続けられるかを考えることになるでしょう。親自身の意思もあるため、話し合った上でしばらく様子を見るか、定期的に訪問するか、ヘルパーに依頼するか、そして、同居して在宅介護を行うか、施設への入所を考えるかなどの選択肢があります。もう一つは、同居して実際に在宅介護を選択した際に不都合が生じた場合などです。親と子の互いが支え合って生活するはずが、仕事の都合が合わない場合やバリアフリーへの改装が必要になった場合、常時介護を要するため家族の負担が増した場合などに、介護事業者の助けを借りながら在宅介護を続けるか、施設への入所を検討するかを考えることになります。

■■ 総合的な経済力を把握し、不足した場合の方法を考える

　施設へ入所する場合は一時金や月額費用、そしてオムツなどの日用

品のためにある程度の費用を用意しておかなければなりません。

　子自身の給料や貯金から費用負担をできれば問題はないかもしれませんが、現在は親の面倒まで見る余裕のない経済状態の家庭が多くあります。そのような場合に選択肢を狭めないためには、親自身の経済力を把握しておくことが重要です。

　現時点で親と別居している場合などは、連絡を密に取り、健康状態に加え経済状態も見ておく必要があります。月々の年金額や預貯金、土地や家などはどうなっているのかを把握し、施設介護への入所が可能かを検討していきます。

　自分自身、そして親自身の経済力では施設介護が難しい場合もありますので、兄弟姉妹など相談できる親族がいる場合には費用負担面でも協力し合うことが重要です。また、土地や建物を持っている場合には、抵当権を設定して介護に必要な資金を借り入れる、リバースモーゲージ（212ページ）を活用する、といった手段も検討します。

■ 在宅介護・施設介護の判断のポイント

決断のタイミング
①両親のうち片方が亡くなった場合
②同居在宅介護を選択した際に不都合が生じた場合
総合的な経済力の把握
①子の経済力（給料・預貯金など）
②親の経済力（月々の年金額や預貯金、土地や家など）

施設介護
・一時金・月額利用料の調査
・低価格の施設は介護の度合いによっては入所が困難
・親の健康状態に沿った施設で検討を行う

在宅介護
・比較的安価に抑えられる
・介護保険サービスを利用
（介護認定度合いに応じて自己負担限度額が異なる）

■ お金がないと施設には入れない

　施設介護を検討する場合、どの介護施設にどの程度の費用がかかるのかを調べておくことが必須となります。施設によっては入所時の一時金がかかる場合とかからない場合があり、また月額費用にもかなりの幅があります。費用を低額で抑えることができる施設といえば、何といっても公的な施設である**介護施設**です。もっとも低額とされるのが特別養護老人ホームですが、かなりの人気があるため親が重度の要介護者でない場合は入所が困難な可能性があります。

　一方、民間の施設である有料老人ホームやシルバーハウジングは、公的施設よりは高額となるものの比較的お値打ちな価格で利用することができます。親の健康状態に沿った施設をいくつかピックアップし、費用もふまえて検討していく必要があります。

■ 親の年齢にもよるが経済的には在宅介護の方がよい

　在宅介護・施設介護のいずれにしても、ある程度の費用がかかることは事実です。しかし、経済的な負担を考えると、比較的安価に抑えることができるのは**在宅介護を選択する方法**です。

　在宅介護を検討する場合は、介護保険のサービスを利用する方法が不可欠です。まずは親の介護度の認定を受け、その上で認定を受けた要介護度に応じた月々の上限額内で介護保険にまつわるサービスを受けることができます。なお、サービスを利用した場合の自己負担割合は1割です。

　たとえば、通常所得の家庭で要介護3の認定を受けた親を介護する場合は、利用限度額が269,310円となるため、自己負担割合はその1割である26,931円です。この利用限度額を超える介護サービスを受けた場合は、その全額を自身で負担しなければなりません。月額費用が30万円かかる介護施設が存在することから考えても、在宅介護を選ぶ方が経済的な負担を抑えることができるといえるでしょう。

3 在宅介護をするときの体制を整えよう

専門員のアドバイスを取り入れながら協力体制を組んで行う

■ 在宅介護の問題

　昨今では、在宅で親を介護するケースも多くあります。やはり住み慣れた家で生活することで安心感を得られることから、在宅を希望する場合があるためです。

　在宅介護を身内だけで行うことが大変となる場合に備え、介護保険制度を利用しましょう。また、介護サービスを積極的に利用するのも一つの方法です。さらに、ケアマネジャー（介護支援専門員）のアドバイスを受け、訪問看護師などの専門家から、必要な知識と技術を教えてもらうことは、在宅介護をする上でとても大切なことです。専門家による正しい知識と技術を身につけることで、効率よく介護ができるようになるためです。

　なお、在宅介護を行う上で心がけることは、すべてを完璧にこなそうと思わないことです。介護疲れで共倒れしては元も子もありません。介護する側にも、ときには息抜きをすることが必要です。

■ どんな体制で在宅介護をすればよいのか

　実際に親を在宅介護する場合は、関係者全員で連携を組むことが重要になります。特定の人間に負担がかかりすぎないよう、離れて暮らす家族にも交代での介護を依頼する方法や、経済的な援助を求めるなどのサポートを求めます。

　さらに、在宅介護をスムーズに行うには、介護者の中で中心となる人物をあらかじめ決めておく方法も有効です。この人物は、かかりつけの医療機関や介護機関との連携や家族間での意見収集、介護業務の

指示や連携などを行い、在宅介護をとりまとめていきます。

さらに、家族以外の協力者を求めることも効果的です。介護職に携わる知人や近所の人、ためこんだ気持ちを吐き出せる友人などの存在は、在宅介護を行うにあたり必ず大きな力となるでしょう。

■ 活用できる各種手当

在宅介護を行う際には、できるだけ多くの助成制度や各種手当の制度に関して情報収集をすることが挙げられます。

活用できる手当としては、たとえば親に精神または身体的に著しい障害があり、日常生活で常時、特別の介護が必要になる場合に、特別障害者手当（月額２万6340円）の対象になります。

また、低所得世帯や要介護の高齢者のいる世帯の場合は、生活福祉資金の貸付を利用することができます。生活再建までの間に必要な生活費用である生活支援費、敷金、礼金などの住宅の賃貸借契約を結ぶために必要な費用である住宅入居費、その他にも就学支援費や就職支度費といったさまざまな資金を借りることができます。

この他に、各自治体が独自に「在宅高齢者介護手当」「ねたきり高齢者介護手当」などを設定して、経済支援を行っている場合もあります。支給を受けられる条件は自治体によって異なるため、居住する地域の自治体窓口に確認する方法が有効です。

なお、親を介護しながら働く子の就業条件については、育児・介護休業法で、介護休業や勤務時間の短縮など制度が定められているので、仕事と介護の両立ができるような日程を組んだ上で事業主に相談してみるとよいでしょう。育児・介護休業法の改正により、平成29年より所定外労働の免除制度が設けられることになりました。その他、介護休業が３回まで分割取得できるようになり、また、介護休暇も半日単位で取得できます（104ページ）。このような最新の改正情報を知っておくことも必要になります。

第1章

医療保険のしくみと活用法

1 親の医療ではどんな公的保険を使うのか

75歳の誕生日を迎えるまではさまざまな選択肢がある

■■ 親世代となる高齢者が加入する公的医療保険とは

　我が国には、さまざまな公的医療保険制度が設けられています。公的医療保険制度とは、加入する者やその被扶養者が医療を必要とした場合に、公的な期間がその費用の一定部分を負担する制度のことです。国民のすべてが何らかの公的医療保険制度に加入していることが定められていることから「国民皆保険」ともいわれています。

　親世代となる高齢者が加入することになる公的医療保険制度には、自営業者や無職者、専業主婦などが加入する**国民健康保険**、75歳以上の高齢者が加入する**後期高齢者医療制度**、会社勤めをする者が加入する**健康保険**などがあります。

■■ 国民健康保険を使うケース

　国民健康保険は、各自治体（市区町村）が運営する医療制度です。国民健康保険の加入対象となるのは、社会保険の適用事業所以外の会社に勤める者や自営業者、退職者などが加入する医療保険です。親が現役で働いている場合、勤め先が社会保険に加入しているのであれば国民健康保険に加入することはありません。

　一方、パートやアルバイトなどで社会保険の加入対象となる働き方をしていない場合や、社会保険に加入していない会社に勤めている場合は、75歳の誕生日を迎えるまでは国民健康保険に加入することになります。また、自営業者や無職者、定年退職者、専業主婦の場合も、75歳の誕生日を迎えるまでは国民健康保険に加入します。

■■ 後期高齢者医療制度を利用するケース

　後期高齢者医療制度は、少子高齢化の流れを受けて平成20年より開始された医療制度です。加入対象となるのは75歳以上の高齢者で、年齢に上限は設けられていません。たとえ会社勤めや自営業を営んでいる場合でも、75歳を迎えた時点で、それまで加入していた健康保険や国民健康保険から自動的に脱退し、後期高齢者医療制度の加入者となります。健康保険証も変更になり、新たに後期高齢者医療被保険者証が発行されます。ただし、65歳～74歳で、国で定められた一定の障害を持つ高齢者の場合は、65歳から加入者となることが可能です。

　後期高齢者医療制度の保険料は、加入者となる被保険者それぞれが支払います。保険料の金額は居住地ごとに異なりますが、各々に課される均等割額、所得（年金額を含む）に応じて求められる所得割額を合算した額になります。本人の収入に応じて保険料が決定されることから、保険料の支払者は基本的に加入者本人です。

■■ 子の健康保険の被扶養者とするケース

　親世代の医療制度の選択肢として、健康保険に加入する子の被扶養者となる方法があります。扶養するというと、配偶者や子を養うというイメージがありますが、健康保険の場合は「同居する三親等以内の親族」であれば、被扶養者とすることが可能です。

■ 医療保険の選択肢 ……………………………………………………

　　　　　　　　　　　　　　75歳

　国民健康保険に加入　→　後期高齢者医療制度

　子の健康保険の被扶養者

ただし、父母や祖父母の場合は、同居をしていなくても一定の仕送りの事実があれば扶養家族とすることができます。具体的な要件とは、親自身の年間収入が130万円未満（60歳以上の親、障害を持つ親の場合は180万円）で、健康保険の被保険者となる子からの仕送り額に満たない場合です。

なお、この収入には、生活保障のために国から支払われる失業保険や傷病手当金なども含まれます。また、親が介護施設に入っている場合の費用の負担を子が行う場合は、その金額も仕送り額に含まれます。

■ それぞれにあった医療保険を選択する

超高齢社会を迎えることとなった我が国では、親が90代、子が60代というような、いわゆる「老々医療」の実態も増加しつつあります。子自身も高齢となり、自身の健康面にも不安を感じ始める頃に、同時に親の面倒も見る、という場面は、もはやどの家庭においても他人事ではありません。

実際に親の医療保険を検討する場合、子の負担が少ない方法として、保険料自体が免除される「健康保険の被扶養者とするケース」が挙げられます。なぜなら、子自身が社会保険に加入している場合は、親を扶養すれば親の医療保険料が免除されるためです。ただし、親が75歳を迎えた場合は自動的に後期高齢者医療制度の対象になるため、**親を扶養することができるのは75歳の誕生日を迎えるまで**となります。

また、国民健康保険や後期高齢者医療制度における保険料の支払いについては、年金額が年間18万円以上の高齢者に対しては、支払われる年金から天引きされますが、親の年金が少額の場合や収入に不安がある場合は、子が代わって保険料を支払うケースもあります。

本書では、以下公的健康保険制度の内容を見ていきますが、各制度で共通する内容については健康保険の項目で説明します。

2 どんな場合に健康保険の保障を受けることができるのか

業務外で病気やケガをした場合や、出産や死亡した場合に保障される

■ 健康保険とは

　子が会社員などとして働いている場合、親を子の被扶養者とすることが認められる場合があります。この場合、親の医療費について子の健康保険を利用できることになります。

　健康保険は、社会保険における医療制度のひとつです。国民の生活の安定と福祉の向上を目的に、迫りくる超高齢化社会や少子化などの社会問題に対応するため、幾度かの改正を繰り返しながら現在に至ります。

　労災保険が業務中や通勤中の疾病（病気やケガ）に対してさまざまな給付を行うのに対し、健康保険では主に業務外の負傷や疾病に対して給付が行われます。これを**療養の給付**といい、健康保険に加入することで、発行された保険証を病院で提示すれば、負傷や疾病に対する医療費の自己負担割合が軽減されます。

　入院時の生活費や訪問看護療養費、または休業中の生活保障など、負傷や疾病時のさまざまな出費に対しても対応しています。被扶養者の負傷疾病にも給付が行われます（40ページ）。

　健康保険の納付内容は、23ページ図の通りです。

　業務上の災害や通勤災害については、労災保険が適用されますので、健康保険が適用されるのは、業務外の事故（災害）で負傷や疾病を負った場合に限られます。

■ 健康保険は会社によって保険者が異なる

　健康保険は、社会保険の適用事業所に就労する者が加入します。勤務する会社の健康保険組合への加入状況により、保険者が異なります。

自分が働く会社が健康保険組合に加入していれば保険者は健康保険組合、それ以外は全国健康保険協会が保険者になります。

　健康保険組合が管掌する健康保険を、組合管掌健康保険といいます。健康保険組合の保険給付には、健康保険法で必ず支給しなければならないと定められている法定給付と、法定給付に上乗せして健康保険組合が独自に給付する付加給付とがあります。

　一方、全国健康保険協会が保険者となっている場合の健康保険を全国健康保険協会管掌健康保険（協会けんぽ）といいます。保険者である協会は、被保険者の保険料を適用事業所ごとに徴収し、被保険者や被扶養者に対して必要な社会保険給付を行います。手続きの中には、全国健康保険協会の都道府県支部ではなく、年金事務所が窓口の場合があります。地域ごとに担当（管轄）が設けられており、適用事業所を管轄する年金事務所は、所轄年金事務所といいます。なお、協会管掌の健康保険の保険料率は、地域の医療費を反映した上で都道府県ごとに保険料率（3～12％）が設定されており、40歳以上65歳未満の人には、それに上乗せして介護保険料率がかかります。

■ 健康保険は本人だけでなく家族も対象になる

　健康保険の被保険者が配偶者や子ども、親などの家族を養っている場合、その家族のことを「養われている者」ということで、**被扶養者**と呼びます。健康保険では被保険者の被扶養者についても被保険者と同じように保険の給付を受けることができます。

　健康保険において被扶養者になる人は、主に被保険者に生計を維持されている者です。生計を維持されているかどうかの判断のおおまかな基準は、被扶養者の年収が130万円未満（60歳以上の者と障害者については180万円未満）で、被保険者の年収の半分未満であるかどうかです。会社員などの子どもが親（75歳未満の場合）を被扶養者としていて、被保険者（子）と被扶養者（親）が一緒に暮らしていない場

合は、被扶養者の年収が被保険者から仕送りしてもらっている額より少ないことも条件になります。

　年収130万円が基準であるため、たとえば、パートタイマーとして働いている主婦（または主夫）に年収が150万円ほどある場合、勤め先で社会保険に加入していないとしても、夫（または妻）の被扶養者になることができません。この「年収130万円」の基準は、平成28年10月以降、職場の社員数が501名以上の企業では、月収が88,000円以上（年収106万円以上）に緩和されていますので、この点は知っておく必要があるでしょう。

　被保険者の被扶養者となることができる親族については、あらかじめ範囲が決まっており、それ以外の者はたとえ現実に扶養されている場合であっても健康保険の被扶養者になることができません。

■ 健康保険の給付内容

種　類	内　容
療養の給付	病院や診療所などで受診する、診察・手術・入院などの現物給付
療養費	療養の給付が困難な場合などに支給される現金給付
家族療養費	家族などの被扶養者が病気やケガをした場合に被保険者に支給される診察や治療代などの給付
入院時食事療養費	入院時に提供される食事に要した費用の給付
入院時生活療養費	入院する65歳以上の者の生活療養に要した費用の給付
保険外併用療養費	先進医療や特別の療養を受けた場合に支給される給付
訪問看護療養費	在宅で継続して療養を受ける状態にある者に対する給付
高額療養費	自己負担額が一定の基準額を超えた場合の給付
移送費	病気やケガで移動が困難な患者を移動させた場合の費用給付
傷病手当金	業務外の病気やケガで働くことができなくなった場合の生活費
埋葬料	被保険者が業務外の事由で死亡した場合に支払われる給付
出産育児一時金	被保険者およびその被扶養者が出産をしたときに支給される一時金
出産手当金	産休の際、会社から給料が出ないときに支給される給付

なお、被扶養者には、①被保険者に生計を維持されていることだけが条件になる者と、②生計の維持と同居（同一世帯にあること）していることの2つが条件となる者の2通りがあります。

■ 健康保険の被扶養者の範囲

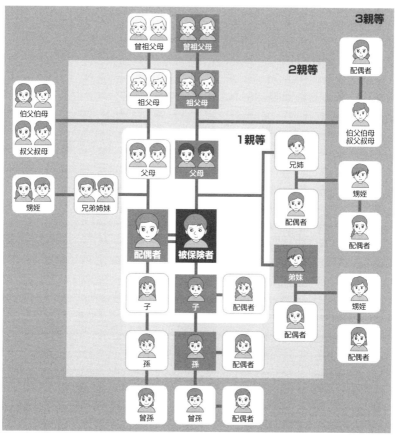

① 上図のうち、灰色部分の被保険者の直系尊族（父母や祖父母）、配偶者、子、孫、弟妹については、被保険者との間に「生計維持関係」があれば被扶養者として認められる
② 上図のうち、白色部分の被保険者の3親等以内の親族で①に挙げた者以外の者については、被保険者との間に「生計維持関係」と「同一世帯」があれば被扶養者として認められる
（注）配偶者には、いわゆる内縁関係（事実婚関係）にある者も含む

3 ケガ・病気の際の給付と自己負担する金額を知っておこう

年齢や所得に応じて定められた一部負担金2～3割を支払うことで治療可能

■ かかった治療費などの一定割合を自己負担する

　療養の給付は、現物で支給されます。具体的には、健康保険の被保険者やその被扶養者が業務外の病気やケガなどで病院や診療所などで受診した場合などに給付を受けることができます。

　また、保険薬局で薬を調剤してもらった場合も、給付を受けることが可能です。これらはすべて、「療養の給付」として受けることができます。なお、療養の給付の対象範囲は、下図のようになっています。

　ただし、療養の給付は医療費全額を負担するのではなく、かかった治療費などの一定割合を自己負担する必要があります。療養の給付にかかった費用のうち、この自己負担分のことを一部負担金といいます。

■ 療養の給付の範囲

	範囲	内容
①	診察	診断を受けるための各種の行為
②	薬剤、治療材料の支給	投薬、注射、消耗品的な治療材料など
③	処置、手術　その他の治療	その他の治療とは、理学的療法、マッサージなど
④	居宅における療養上の管理とその療養に伴う世話その他の看護	寝たきりの状態にある人などに対する訪問診療、訪問看護
⑤	病院または診療所への入院とその療養に伴う世話その他の看護	入院のこと。入院中の看護や食事の支給は入院診療に含まれる

※業務災害・通勤災害による病気やケガの治療、美容整形、一般的な健康診断、正常な妊娠、出産などは療養の給付の対象とはならない

一部負担金の割合は、年齢や所得に応じて異なり、主に次のようになっています。
① 　義務教育就学前の者…2割
② 　義務教育就学後70歳未満の者…3割
③ 　70歳～74歳…2割（ただし現役並みの所得がある者は3割）

　このように、70歳未満の人の場合は利用料の3割が自己負担ですが、70歳～74歳の人の場合は生年月日により割合が異なるので注意が必要です。具体的には、平成26年3月31日以前に70歳となった場合は1割、4月1日以降に70歳となった場合は2割負担です。

　なお、前述した「現役並みの所得がある者」とは、会社員で協会けんぽや組合健保に加入している場合は標準報酬月額が28万円以上、自営業などで国民健康保険に加入している場合は住民税課税所得145万円以上の者のことです。ただし、年収が、単身世帯の場合383万円未満、2人以上世帯の場合520万円未満であれば、申請により非該当（現役並みの所得にあたらない）とすることができます。

　また、業務外の病気やケガで入院が必要となる場合には、入院時の生活費用として「入院時生活療養費」を、入院時の食費として「入院時食事療養費」を、それぞれ入院日数や所得状況に応じて定められた一部負担金を支払うことで、入院治療を受けることができます。

■ 療養費はやむを得ない場合の現金給付

　健康保険では、病気やケガなどの保険事故に対して療養の給付を行い、診療や調剤という形で現物給付することが原則です。

　しかし、療養の給付を行うことが困難であると認められた場合や、被保険者が保険医療機関・保険薬局以外の医療機関・薬局で診療や調剤を受けたなどの「やむを得ない事情」であると認められた場合は、「療養費」として現金が給付されます。

　療養費の給付を受ける場合は、いったん医療機関の窓口で全額を支

払い、後ほど現金の払戻しを受ける、という形をとります。

■ 健康保険が効かない薬や治療がある

　健康保険は、被保険者やその被扶養者の社会保障や健康の維持のため、さまざまな負傷や疾病に関する保険給付サービスを提供しています。しかし、治療内容や調剤の中には、健康保険制度ではカバーすることができないものがあります。たとえば、**差額ベッド代**などは健康保険でカバーできないものに該当します。差額ベッド代とは、差額室料とも呼ばれるもので、病気やケガで入院する場合に「気を遣いたくない」などの理由から、個室もしくは少人数制の病室を希望した場合にかかる費用のことです。

　この差額ベッド代が必要になる病室とは、原則として個室〜4人までの部屋のことで、これを「特別療養環境室」といいます。このような病室を選択することは、病気やケガの治療行為とは直接の関係がなく、よりよい環境を求めて行う行為であることから保険の適用外とされています。ただし、この「保険の適用が効かない場合」とは、あくまでも「患者（加入者）自身が特別療養環境室を希望した場合」に限られます。そのため、たまたま病室に空きがなかった場合や、病院側の事情で特別療養環境室へ通された場合は、差額ベッド代を支払う必要はありません。

　なお、たとえば禁煙を促進するための治療薬のように、中には保険の適用外とされる場合と適用される場合があるようなケースが生じる薬もあるため、注意しましょう。このようなケースに備え、処方を受ける場合は事前に保険の有無を確認することが重要です。

4 保険がきかない医療はどのように取り扱われるのか

給付対象かどうかの評価が必要な最新医療や特別環境の下で行われる医療

■■ 評価療養・選定療養とは

評価療養や**選択療養**は、保険外併用療養費の支給対象となる療養のひとつです。これらは健康保険において負傷・疾病などで療養を受けるにあたり、希望する療養の内容や環境をより幅広い選択肢の中から選ぶことを可能にし、国民の利便性を高めるために定められました。

・**評価療養**

評価療養とは、まだ医学的にどのような価値があるかが具体的に定まった状態ではない新しい高度医療や新薬などを使った療養のことで、将来的に健康保険に導入されるかが評価されることになるものです。

たとえば、薬価基準収載前の承認医薬品の投与、保険適用前の承認医療機器の使用、薬価基準に収載されている医薬品の適応外使用などが挙げられます。

また、後に次ページで説明する先進医療についても、この評価療養に含まれます。

・**選定療養**

選定療養とは、療養のために整えられた特別な環境などを患者自身が希望し、選択する療養のことです。

たとえば、個室の病室や予約診療、時間外での診療、紹介状なしの大病院受診、保険で認められている内容以上の医療行為などが挙げられます。ただし、予約診療に関してはルールがあり、予約時間から30分を超える時間を患者に待たせる場合などは、予約診療として認められないとされています。

その他、200床以上の病院の未紹介患者の初診、200床以上の病院の

再診、制限回数を超える医療行為、180日を超える入院、前歯部の材料差額、金属床総義歯、小児う触の治療後の継続管理なども選定医療に含まれます。

■ 先進医療とは

　少子高齢化社会が加速する我が国では、長寿化の影響から、親がいわゆる「難病」にかかる可能性についても考えなければなりません。このような場合に活用することができる制度のひとつに**先進医療制度**があります。

　先進医療とは、評価療養のうち、非常に高度なスキルを要する医療技術を駆使して行われた療養で、療養の給付の対象とするかどうかの評価を行うことが必要であると厚生労働大臣により定められたものです。平成28年6月1日現在では、40種類の先進医療A、60種類の先進医療Bが定められています。

　なお、先進医療は、すべての病院で実施しているわけではありません。厚生労働大臣により定められた医療機関で、先進医療を行うことができると定められた基準を満たしたものが実施できます。平成28年6月1日現在では、全国各地に先進医療Aを対象とする機関が863件、先進医療Bを対象とする機関が711件、定められています。

■ 保険がきかない医療と健康保険の適用の可否

　健康保険では、原則的に保険が適用されない保険外診療があった場合は保険が適用される診療も含めて医療費の全額が自己負担になります。これを「混合診療禁止の原則」といい、保険診療と保険外診療を併用することは認められていません。

　ただし、評価療養と選定療養については、保険診療との併用が認められています。この場合、通常の治療と共通する部分（診察・検査・投薬・入院料など）の費用は健康保険における一般の保険診療と同様

に扱われ、自己負担分については一部負担金を支払います。そして、残りの額は保険外併用療養費として健康保険から給付が行われます。

また、被扶養者の保険外併用療養費にかかる給付は、家族療養費として給付が行われます。

なお、介護保険法で指定されている指定介護療養サービスを行う療養病床などに入院している患者は、介護保険から別の給付を受け取ることができます。この場合は給付の二重取りを防ぐため、保険外併用療養費の支給は行われません。

■ 保険外併用療養費の自己負担額はどのように計算するのか

たとえば、総医療費が120万円、このうち先進医療についての費用が30万円の場合、先進医療についての費用30万円は、全額を患者が負担し、残りの90万円のうち、通常の治療と共通する部分（診察、検査、投薬、入院料など）については7割である63万円分が保険給付として給付される部分になり、残りの27万円が一部負担金となります。したがって、30万円と27万円を合わせた57万円が、患者の自己負担分です（下図参照）。

■ 保険外併用療養費が支給される範囲

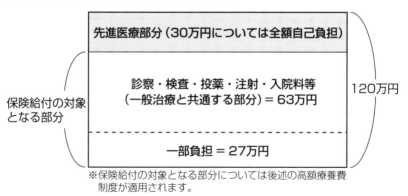

5 高額療養費について知っておこう

同月・同病院・同診療科での受診なら費用を合算し、高額療養費が給付される

■■ 高額療養費とは

　健康保険では、病院や診療所で治療を受けた場合、医療費の一部を本人が負担します。しかし、医学の著しい発展によって高性能の治療具の開発などにより、長期入院や手術を受けた際の自己負担額が高額になる場合があります。このように、自己負担額が一定の基準額を超えた場合に給付されるのが**高額療養費**です。

　高額療養費は、被保険者や被扶養者が同月に同病院で支払った自己負担額が、高額療養費算定基準額（自己負担限度額）を超えた場合、その超えた部分の額が支給される制度です。

■■ 高額療養費における合算対象の要件

　高額療養費算定基準額は、図（次ページ）のように所得に比例して自己負担額が増加するよう設定されています。平成27年1月より70歳未満の者の所得区分が3区分から5区分へ細分化されました。なお、図中の総医療費とは、療養に要した費用のことで、暦月1か月内（1日～末日）に通院した同じ診療科で支払った医療費の総額です。したがって、たとえ実日数が30日以内でも、2か月にまたがっている場合は合算できません。また、同月に同病院へ通院した場合でも、診療科が異なっている場合は対象外です。

　そして、同じ診療科の場合は、入院・通院別に支給の対象になるかを計算します。この場合、差額ベッド代や食事療養費、光熱費などは高額療養費の対象にはならないため注意が必要です。高額療養費に該当するかの判断は、領収書に記載されている一部負担額が保険内のも

のか保険外のものかで行われます。

■■ 高額療養費の「世帯合算」「多数該当」とは

個人では高額療養費の限度額に達しない場合に世帯で合算して申請できる制度です。

■ 医療費の自己負担限度額

● 1か月あたりの医療費の自己負担限度額（70歳未満の場合）

所得区分	自己負担限度額	多数該当
標準報酬月額 83万円以上の方	252,600円＋ （総医療費－842,000円）×1％	140,100円
標準報酬月額 53万円～79万円の方	167,400円＋ （総医療費－558,000円）×1％	93,000円
標準報酬月額 28万円～50万円の方	80,100円＋ （総医療費－267,000円）×1％	44,400円
標準報酬月額 26万円以下の方	57,600円	44,400円
低所得者 （被保険者が市町村民税 の非課税者等）	35,400円	24,600円

● 1か月あたりの医療費の自己負担限度額（70～74歳の場合）

被保険者の区分	医療費の負担限度額	
	外来（個人）	外来入院（世帯）
一定以上所得者	44,400円	80,100円＋（総医療費－267,000円）×1％ 〈44,400円〉
一般	12,000円	44,400円
低所得者2 （市区町村民税 非課税世帯）	8,000円	24,600円
低所得者1 （所得が一定水準 に満たない者）	8,000円	15,000円

※ 一定以上の所得者の同一世帯で1年間に3回以上高額療養費の支給を受けている場合の4回目以降の限度額は、〈　〉内の金額になる

高額療養費には、被保険者の家庭の医療負担を軽減することを目的とした**世帯合算**という制度があります。

　具体的には、同一世帯で同一の月1か月間（暦月ごと）に21000円以上の自己負担額（70歳未満の場合）を支払った者が2人以上いる場合、それぞれの金額を合算し、自己負担額を超えた分が高額療養費として払い戻される制度です。

　たとえば、40代の夫の医療費が1か月に合計20万円、妻の医療費が1か月に10万円かかったとします。この夫妻の自己負担分は、それぞれ3割分の6万円、3万円で、個々では高額療養費の自己負担額8万100円に届かないものの、共に21000円を超えているため世帯合算が可能です。自己負担限度額は、8万100円＋（医療費30万円－26万7000円）×1％＝8万430円です。世帯合算の申請を行えば、支払い済みの医療費30万円から自己負担限度額が控除された9570円が戻ってきます。

　なお、世帯合算を行う場合、対象となる個人は「同一の医療機関」で医療費を支払っていることが要件になります。

　また、高額療養費には**多額該当**という自己負担限度額を軽減させる

■ 高額療養費の世帯合算の計算の手順 ……………………………

自己負担額	被保険者の負担金 15,000円	被扶養者の負担金 42,400円	被扶養者の負担金 50,200円
合算の有無	合算されない（21,000円未満のため）	合算される	合算される

42,400円 ＋ 50,200円 ＝ 92,600円

92,600円 － 算定基準額（区分あり）

世帯合算による高額療養費

制度があります。具体的には、同一世帯で1年間（直近12か月）に3回以上高額療養費の支給を受けている場合は、4回目以降の自己負担限度額が下がります。

■ 高額療養費についていったん全額支払うのか

　現物支給化制度を利用すれば、窓口負担が自己負担限度額内の額になります。

　高額療養費が支給され、最終的な負担額が軽減されることが決定した場合でも、手順としては、いったん医療機関の窓口で支払いをした上で、自己負担限度額を超過した額の請求を行い、支払いを受ける必要があります。したがって、金銭的な余裕がない場合、そもそも医療を受けることを断念せざるを得ないことがあります。

　そのような場合の対策としては、高額療養費の現物支給化の制度が設けられています。この制度を利用すれば、高額となる現金の用意を行う必要がなく、医療機関の窓口で支払う金額は、自己負担限度額内に収まることになります。

　現物支給化を利用する場合は、申請をする必要があります。方法としては、国民健康保険の加入者の場合は市区町村の窓口、協会けんぽの場合は各都道府県支部、それ以外の社会保険を使用の場合は勤め先の健康保険組合に、それぞれ申請書（限度額適用認定申請書、次ページ）を提出して行います。本書では健康保険制度の書類を掲載していますが、親が既に75歳以上の場合には後期高齢者医療制度に基づく申請書を提出することになります。

　受理された場合「限度額適用認定証」が発行されます。限度額適用認定証の発行日は、申請書の受付日の月の初日です。これを医療機関に提示することで、現物支給化の制度を利用することができます。なお、低所得者に該当する場合は「限度額適用・標準負担額減額認定証」が発行されます。

書式　健康保険限度額適用認定申請書

6 高額医療・高額介護合算療養費制度について知っておこう

医療費・介護サービス費の高額負担者の負担額を軽減するための制度

■■ 高額医療・高額介護合算療養費とは

　医療の場合は高額療養費、介護の場合は高額介護サービス費の制度が用意されています。**高額介護サービス費**とは、介護サービスを利用した場合の費用が高額になった場合に受けることができる費用の軽減制度です。

　介護保険を利用する場合、医療費の１割を負担すればサービスを受けることが可能ですが、医療費に加え介護保険の費用を負担する場合、高額の負担を伴うケースも多くあります。そのため、毎年８月から１年間にかかった医療保険と介護保険の自己負担額の合計が、一定の基準額（75歳以上の世帯で所得が一般の場合は56万円）を超える人に対してはその超える分が支給される「高額介護合算療養費」という制度があります。

　しかし、介護サービス費の高額負担者は同時に医療費の高額負担者であることも多く、それぞれの制度の自己負担上限額を負担する場合、その合計額は大きな負担になります。このような場合に自己負担を軽減することができるのが**高額医療・高額介護合算療養費制度**です。具体的には、毎年８月１日からの１年間でその世帯が自己負担する医療費と介護サービス費の自己負担額の合計が、設定された自己負担限度額を超えた場合に支給されます。

　対象は、介護保険の受給者がいる健康保険、国民健康保険、後期高齢者医療制度の医療保険各制度の世帯です。自己負担限度額は56万円を基本ベースとして、加入している医療保険の各制度や世帯所得によって細かく設定されています。

なお、高額介護合算療養費の制度改正に伴い、平成27年8月より、70歳未満の高額介護合算療養費の自己負担限度額については新しい基準額が適用されています（下図参照）。

■ 合算を利用するときの手続き

医療保険が後期高齢者医療制度または国民健康保険の場合は、医療保険も介護保険も共に所管が市区町村であるため、役所の後期高齢者医療または国民健康保険の窓口で支給申請を行います。

一方、健康保険の場合、介護保険と所管が異なるため、まず介護保険（市区町村）の窓口で介護保険の自己負担額証明書の交付を受け、これを添付して協会けんぽや健康保険組合など、各健康保険の窓口で、高額医療・高額介護合算制度の支給申請をする必要があります。

■ 高額介護療養費の自己負担限度額

70歳未満の場合

所得区分	平成27年7月まで	平成27年8月以降
標準報酬月額 83万円以上の方	基準額　176万円	基準額　212万円
標準報酬月額 53万円〜79万円の方	135万円	141万円
標準報酬月額 28万円〜50万円の方	67万円	67万円
標準報酬月額 26万円以下の方	63万円	60万円
低所得者 （被保険者が市町村民税の非課税者等）	34万円	34万円

※なお、70〜74歳場合、上表と異なり、①現役並み所得者（標準報酬月額28万円で高齢受給者証の負担割合が3割の方（市町村民税の非課税者を含む））67万円、②一般所得者（①および③以外の方）56万円、③低所得者で被保険者が市町村民税の非課税者等である場合31万円、被保険者とその扶養家族すべての方の所得がない場合19万円となります。

7 入院した場合、どんな給付を受けることができるのか

診察・治療への給付や、入院中の食事の提供に関する給付を受けることができる

■■ 入院時食事療養費

　病気やケガなどをして入院した場合、診察や治療などの療養の給付の他に、食事の提供を受けることができます。この食事の提供としての保険の給付を**入院時食事療養費**といいます。

　入院時食事療養費の給付を受けた場合、原則として1食あたり260円（平成28年度は360円、平成30年度は460円に引上げ予定）の自己負担額を支払う必要があります。これを**標準負担額**といい、下図のような住民税非課税者などへの減額措置が設けられています。なお、後期高齢者医療給付の入院時食事療養費を受ける者には、健康保険からの支給は行われません。

■ 入院時の食事療養についての標準負担額

	対象者区分	標準負担額（1食あたり）
1	原則	260円[※1]
2	市区町村民税の非課税対象者等で減額申請の月以前12か月以内に入院日数90日以下の者	210円
3	2の者で減額申請の月以前12か月以内に入院日数90日を超える者	160円
4	70歳以上の低所得者	100円

※1　平成28年度は360円、平成30年度は460円に引上げ予定

■ 入院時生活療養費

介護保険により要介護認定された人はさまざまな介護サービスを受けることができます。一方で入院患者は、症状が重い間は、医師や看護婦により十分な看護を受けていますが、ある程度症状が安定し、リハビリが必要となる段階で看護が減少し、65歳以上の高齢者は介護を受けながら生活することになります。そこで、介護保険との均衡の観点から、入院する65歳以上の人の生活療養に要した費用について、保険給付として**入院時生活療養費**が支給されています。

入院時生活療養費の額は、生活療養に要する平均的な費用の額から算定した額をベースに、平均的な家計における食費および光熱水費など、厚生労働大臣が定める生活療養標準負担額を控除した額となっています。

なお、低所得者の生活療養標準負担額については、下図のように軽減されています。

■ 入院時の生活療養について患者が負担する標準負担額

区　分	食費についての患者の負担額	居住費についての患者の負担額
① 一般の被保険者で、栄養管理などの面で厚生労働大臣の定める保健医療機関に入院している者	1食につき 460円	1日につき 320円
② 一般の被保険者で、①以外の保険医療機関に入院している者	1食につき 420円	
③ 区市町村民税非課税者（低所得者Ⅱ）	1食につき 210円	
④ 年金額 80万円以下などの者（低所得者Ⅰ）	1食につき 130円	

8 健康保険の家族に対する給付について知っておこう

扶養する加入者と同様の給付を受けることができる

■■ 親を健康保険の被扶養者扱いとする場合

　親自身の収入額が要件に満たない場合は、子の加入する健康保険の被扶養者にすることができます。この場合、親が医療機関にかかった場合は、**家族療養費**で対応することになります。給付内容や医療機関で支払う一部負担金の割合は、基本的に被保険者である子と同様になります。この医療保険が高額になった場合に一定額の払戻しが行われる高額療養費制度には、扶養家族の医療費を合算した上で申請することが可能な**世帯合算**という特例が設けられています（33ページ）。たとえば、4人家族で、40代の子が60代の親を扶養している場合、1か月の自己負担額をそれぞれ3万円ずつ負担した場合は、世帯合算の要件に沿って払戻しを受けることができます。

■■ 家族療養費とはどんなものか

　家族に対する給付は、基本的には給付対象要件・自己負担額割合共に被保険者への給付と同じで、家族が病気やケガで保険医療機関から療養を受けたときは家族療養費が給付されます。家族療養費は被保険者が受ける療養の給付、療養費（25ページ）、保険外併用療養費（30ページ）、入院時食事療養費・入院時生活療養費（38〜39ページ）を一括した給付で、治療行為など現物での給付（現物給付）と現金での給付（現金給付）があります。

　給付内容は、被保険者が受ける療養の給付などの給付と全く同じ内容です。たとえば療養の給付であれば保険医療機関の窓口で被扶養者自身が健康保険被保険者証（保険証）を提出し、診察、薬剤・治療材

料の支給を受けます。そして、このような現物給付を受けられない場合は、現金給付を受けることができます。ただし、被保険者に対する療養費と同様に、①保険診療を受けることが困難であるとき、②やむを得ない事情により保険医療機関ではない病院などで診療・手当などを受けたとき、の要件を満たすことが必要です。

■ 自己負担額と家族療養費が支給されないケース

自己負担額（被保険者が負担する部分）も被保険者と同じように、義務教育就学後70歳未満の者については3割、義務教育就学前の者は2割、70歳以上の者は2割（ただし一定以上の所得者は3割）です。

一定以上の所得者に該当する家族とは、70歳に達する日の属する月の翌月以後にある被保険者で、療養を受ける月の標準報酬月額が28万円以上である者の被扶養者です（ただし、標準報酬月額が28万円以上の者であっても年収が一定額以下の場合、申請をすれば一定以上の所得者とは扱われません）。また、後期高齢者医療制度の給付を受けることができる者には家族療養費の支給は行いません。

■ 被扶養者に対する給付

被扶養者に対する給付

- **家族療養費**
  被保険者が受け取る療養の給付、療養費、保険外併用療養費、入院時食事療養費・生活療養費を一括した給付
- **高額療養費・高額介護合算療養費**
  被保険者の場合と同様
- **家族埋葬料**
  5万円
- **家族出産育児一時金**
  被保険者の場合と同様

9 訪問看護療養費・移送費とはどんな給付なのか

訪問看護サービスの提供を受けた場合の費用と医師の指示で移送された場合の費用

■ 訪問看護療養費

在宅で継続して療養を受ける状態にある者は、健康保険における訪問看護療養費の給付対象です。訪問看護療養費は、かかりつけの医師の指示に基づき、指定訪問看護事業者(訪問看護ステーションに従事する者)の看護師等による訪問看護サービスの提供を受けた場合に支給が行われます。

訪問看護療養費は、①病状が安定していること、②在宅療養において、主治医が看護師などに療養上の世話・診療の補助行為を認めて指示していることに該当し、保険者が必要と認めた場合に限り支給されます。たとえば、末期ガンや脳性まひなどの重度障害、難病、脳卒中などの場合の在宅療養が対象です。実際に訪問看護サービスを受けた場合、被保険者は厚生労働大臣の定めた料金の100分の30の額を負担し、あわせて訪問看護療養費に含まれないその他の利用料も負担します。

なお、この訪問看護療養費は、扶養する家族のために活用することができます。これを**家族訪問看護療養費制度**といい、子が親を扶養している場合に利用することが可能です。内容は基本的には訪問看護療養と同じで、親が指定訪問看護事業者によって行われる訪問看護や介護サービスを親が受けた場合、かかった費用の100分の70の給付を受けることができます。ただし、この給付は被扶養者に対して行われるものであり、被扶養者である親に対する給付ではありません。

■ 移送費

現在かかっている医療機関の施設や設備では、患者が十分な診察や

治療が受けられないような場合や自力歩行が困難な場合、緊急転院の場合などは、タクシーなどによる移動の必要があります。このような場合に必要になるタクシー代などの移動費については、健康保険から移送費という給付を受けることができます。

　支給は現金給付で行われます。いったん移送費を自分で支払った上で、後ほど支給申請書を提出し、移送費に相当額を受け取ります。申請の際には、保険証や移送にかかった費用の領収証、医師などの意見書の添付が必要です。

　移送費として受けることができる額は、最も経済的とされる経路および方法によって移送した場合の運賃です。なお、医師が医学的に必要だと認める場合は、医師や看護師などの付添人（1人分）にかかった交通費も移送費として支給されます。

　なお、家族訪問看護療養費の場合と同じく、移送費にも家族移送費という制度が存在します。扶養する親が家族療養費に相当する療養のためにタクシーなどで医療機関へ移動する場合は、家族移送費の給付が行われます。

■ 訪問看護療養費とは

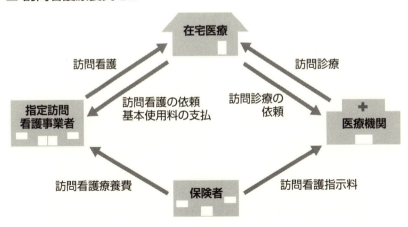

10 国民健康保険について知っておこう

加入対象者と保険料の決定方法が健康保険とは異なる

■■ 国民健康保険の特徴

　親が会社員や公務員ではなく自営業者で75歳未満の場合、親自身が国民健康保険に加入することになり、医療が必要になった場合には各種の給付を受けることができます。

　国民健康保険とは、社会保障や国民の保健を向上させるために設けられた医療保険の制度で、略して「国保」とも呼ばれています。

　加入者である被保険者の負傷、疾病、出産、死亡などに関して、国民健康保険法に基づいた給付が行われます。

　国民健康保険と、公的保険制度である健康保険のもっとも大きな違いは、加入対象者と保険料の決定法です。国民健康保険の加入対象は、健康保険や船員保険などが適用されない農業者、自営業者、そして企業を退職した年金生活者などで、現住所のある市区町村ごとに加入します。国民健康保険は、健康保険と異なり、誰かを扶養するという考えはそもそも存在せず、世帯単位で保険料が算出されます。したがって、保険料の支払いを行うのも世帯主です。

　手続きの期限は、原則として退職後14日以内です。国民健康保険料の料率は市町村により異なり、被保険者の前年の所得や世帯の人数などを加味した上で定められます。

　国民健康保険の給付は、基本的には会社員の加入する健康保険とほぼ同じで、具体的な給付内容は図（次ページ）の通りです。

　しかし、国民健康保険はもともと自営業者を対象とした医療制度であるため、休業時の補償を行うという概念がありません。したがって、一部の給付が行われない場合があります。たとえば、疾病により休業

した場合の補償として給付が行われる「傷病手当金」や、出産前後の休業補償として給付が行われる「出産手当金」などの制度は、国民健康保険制度では給付の有無は任意で、義務付けられてはいません。

なお、下図の「特別療養費」とは、保険料を滞納したため被保険者証を返還することになった場合の保険給付です。被保険者証の返還後に診療を受けた場合は全額を自身で支払う必要があり、申請を行う事で後日特別療養費として給付額の払戻しを受けることができます。

また、国民健康保険の運営主体は各市町村であるため、健康保険の場合と異なり自治体により保険料の料率が異なります。料率の求め方は、前年の所得や世帯の人数などを加味した上で算出されます。

■ 国民健康保険の給付内容

種類	内容
療養の給付	病院や診療所などで受診する、診察・手術・入院などの現物給付
入院時食事療養費	入院時に行われる食事の提供
入院時生活療養費	入院する65歳以上の者の生活療養に要した費用の給付
保険外併用療養費	先進医療や特別の療養を受けた場合に支給される給付
療養費	療養の給付が困難な場合などに支給される現金給付
訪問看護療養費	在宅で継続して療養を受ける状態にある者に対する給付
移送費	病気やケガで移動が困難な患者を医師の指示で移動させた場合の費用
高額療養費	自己負担額が一定の基準額を超えた場合の給付
高額医療・高額介護合算療養費	医療費と介護サービス費の自己負担額の合計が著しく高額となる場合に支給される給付
特別療養費	被保険者資格証明書で受診した場合に、申請により、一部負担金を除いた費用が現金で支給される
出産育児一時金	被保険者が出産をしたときに支給される一時金
葬祭費・葬祭の給付	被保険者が死亡した場合に支払われる給付
傷病手当金	業務外の病気やケガで働くことができなくなった場合の生活費
出産手当金	産休の際、会社から給料が出ないときに支給される給付

11 国民健康保険制度の給付の種類について知っておこう

法定必須給付・法定任意給付・任意給付の3種類がある

■■ 給付は3種類に分類される

　健康保険の場合、要件に応じて支給される給付の内容は、すべて保険者である全国健康保険協会または健康保険組合が必ず行わなければならないものです。しかし、国民健康保険制度の場合は、健康保険のように法で定められた給付の他に、支給が法律で義務付けられておらず、場合によっては支給の全部または一部を行わなくてもよいものがあります。具体的には、以下の①～③の3種類に分類されています。

① 法定必須給付とは

　健康保険の給付と同じく、法律によって給付を行うことが義務付けられている給付のことで、療養の給付等と特別療養費が含まれます。

　療養の給付等とは、健康保険と同じく、加入者がケガや病気のために医療機関にかかった場合に行われる給付のことです。具体的には、療養の給付、入院時食事療養費、入院時生活療養費、保険外併用療養費、療養費、訪問看護療養費、移送費、高額療養費、高額介護合算療養費が法定必須給付と定められています。

　特別療養費とは、被保険者証を持たない加入者が受けることのできる給付のことです。国民健康保険制度の加入者が保険料を、1年を超えて滞納した場合、被保険者証の返還が求められます。そして、返還された被保険者証の代用として「被保険者資格証明書」が発行されます。被保険者資格証明書を持つ加入者が医療機関にかかった場合、療養の給付等の提供を「現物支給」として受けることはできません。ただし、いったん医療費を全額払いした後に「償還払い」を受けることができます。なお、滞納状態が1年6か月を超えた場合は、保険給付

の支払いが差し止められ、より厳しい措置がとられることになります。

② **法定任意給付**

　条例または規約によって行う給付のことで、特別な理由がある場合は給付の全部または一部を支給しないことが許されているものです。具体的には、出産育児一時金、葬祭費、葬祭の給付の3種類です。

③ **任意給付**

　給付の実施が義務付けられておらず、条例や規約を定めることにより実施することができる給付のことです。具体的には、傷病手当金と出産手当金の2種類です。

■ 基本的な内容は健康保険と同じである

　国民健康保険の加入者は、健康保険と同様に療養の給付を受けることができます。この療養の給付の対象範囲についても、健康保険と同じです（25ページ図）。治療内容や調剤の中には、こちらも健康保険と同じく国民健康保険制度ではカバーすることができないものが存在します。保険が効かない薬や治療の具体的な内容は健康保険の場合（27ページ）と同様です。

　そして、療養の給付が発生した際に負担する一部負担金の割合についても、健康保険法と同じく年齢や所得に応じて異なります。国民健康保険における療養の給付の内容は健康保険制度とほぼ同じですが、国民健康保険の場合は、世帯内の一人ひとりが加入者となるため、健康保険制度における「家族療養費」などの、加入者の家族に対する給付は行われません。

　その他、健康保険制度における入院時生活療養費や入院時食事療養費については、健康保険と同様の内容となっています（38～39ページ）。

　なお、国民健康保険も健康保険と同じく現物給付が原則ですが、やむを得ない事情であると認められた場合は「療養費」として現金が給付されます（26ページ）。

12 65歳以上の人が加入する医療保険制度について知っておこう

74歳までが対象の医療制度と75歳以上が対象の医療制度に区分されている

■64歳以前の人とは取扱いが変わる

　65歳以上の人の公的医療保険については、平成20年4月から施行されている高齢者の医療の確保に関する法律（高齢者医療確保法）により、64歳以前の人とは異なる医療保険制度が適用されています。

　具体的には、65歳から74歳までの人を対象とした前期高齢者医療制度と、75歳以上（言語機能の著しい障害など一定の障害状態にある場合には65歳以上）の人を対象とした後期高齢者医療制度（長寿医療制度）が導入されています。

■前期高齢者医療制度とは

　前期高齢者医療制度とは、65歳～74歳の人を対象とした医療保険制度です。前期高齢者医療制度は後期高齢者医療制度のように独立した制度ではなく、制度間の医療費負担の不均衡を調整するための制度です。

　したがって、65歳になったとしても、従来と異なる公的医療保険に加入するわけではなく、引き続き今まで加入していた健康保険や共済組合、国民健康保険から療養の給付などを受けることができます。

　ただし、医療費の自己負担割合については、69歳まではそれまでと同様に3割ですが、70歳の誕生月の翌月からは原則として2割となり、1割引き下げられます。ただし、70～74歳の者であっても、一定以上の所得者（課税所得145万円以上の者）の場合には自己負担割合は3割です。

■ 後期高齢者医療制度とは

後期高齢者医療制度とは、75歳以上の人に対する独立した医療制度です。国民健康保険や職場の健康保険制度に加入している場合でも、75歳になると、それまで加入していた健康保険制度を脱退し、後期高齢者医療制度に加入します。75歳以上の人の医療費は医療費総額中で高い割合に相当するため、保険料を負担してもらうことで、医療費負担の公平化を保つことが目的です。

後期高齢者医療制度に加入する高齢者は、原則として、若い世代よりも軽い1割負担で病院での医療を受けることができます。利用者負担の金額が高額になった場合、一定の限度額（月額）を超える額が払い戻されます。医療保険と介護保険の利用者負担の合計額が高い場合にも、一定の限度額（月額）を超える額が払い戻されます。

後期高齢者医療制度については、制度開始直後はその内容をめぐって批判が噴出し、制度そのものの廃止が真剣に議論されるほどでした。しかし、当面は、拠出金の負担方法を見直すなど、制度のあり方を検討しつつ、現行制度の手直しをしながら継続されるものと見られています。

■ 高齢者の医療費の自己負担割合

70歳

- 国民健康保険
- 健康保険（協会・組合）
- 共済組合

自己負担割合：原則2割
（一定の所得がある場合、自己負担割合は3割）

75歳

後期高齢者医療制度

公費　5割	
現役世代からの支援 4割	高齢者の自己負担 1割

13 後期高齢者医療制度の給付について知っておこう

これまでの医療保険と同様の給付で高齢者をサポートする

■■ 後期高齢者医療制度とは

　親が75歳を超えているような場合は、自身で国民健康保険に加入してもらうことも、健康保険の被扶養者扱いとすることもできません。この場合は、後期高齢者医療制度の給付を活用することになります。健康保険とは異なり扶養という概念がないため、一人ひとりが加入の対象です。75歳の誕生日を迎えた当日より加入します。

　国民健康保険の場合は、各市区町村が保険者となっていましたが、後期高齢者医療制度の保険者は、各都道府県に設置された後期高齢者医療広域連合です。そのため、保険料は各県の財力や医療の水準に応じて決定されます。また、所得額に応じて保険料の差異があります。

　「国民皆保険」を掲げる我が国では、75歳を迎えた後期高齢者世代に対し、これまでの保険制度と同様に生活できるよう、医療にまつわるサービス（現物給付）や費用負担（現金給付）を提供することになります。

■■ 後期高齢者医療制度における給付とは

　後期高齢者医療制度の給付には、療養の給付、入院時食事療養費、入院時生活療養費、保険外併用療養費、療養費、訪問看護療養費、特別療養費、移送費、高額療養費、高額介護合算療養費、特定疾病、葬祭費などが挙げられます。そのうち、入院時食事・生活療養費、保険外併用療養費、訪問看護療養費、高額療養費、高額介護合算療養費、移送費、葬祭費などは、健康保険や国民健康保険の給付と同様です。

　一方、医療機関にかかった際に受けることのできる療養の給付や療

養費の負担額については、75歳以上の高齢者の場合は１割（現役並みの所得者は３割）負担となります。医療機関にかかる際には、後期高齢者医療制度に加入した際に支給される後期高齢者医療被保険者証を提示します。

　また、特定疾病とは、厚生労働省により指定された特定疾病（先天性血液凝固因子障害（血友病）、慢性腎不全（人工透析を実施しているもの）、HIV感染症などにかかっている高齢者が医療機関へ「特定疾病療養受領証」を提示することにより受けることができる給付です。健康保険の場合は、所得や病状に応じて自己負担の限度額が定められていましたが、後期高齢者医療制度の場合は、医療機関ごとに月額１万円です。高齢の親の場合、健康面に不安がある場合があるため、知っておいた方がよい制度です。

■ 後期高齢者医療制度の給付内容

給付の種類	給付の内容
療養の給付	医療機関にかかった時に受ける現物給付
入院時食事療養費	入院時にかかる食費の一部負担
入院時生活療養費	入院時にかかる居住費の一部負担
保険外併用療養費	保険が適用されない療養費の一部負担
療養費	医療費の全額支払時に申請できる現金給付
訪問看護療養費	訪問看護ステーション利用費の一部負担
特別療養費	資格証明書の交付者が医療機関にかかった時に受ける現金給付
移送費	負傷・疾病による移動困難時に移送された際の費用負担
高額療養費	医療費が高額になった場合の合算額一部負担制度
高額介護合算療養費	後期高齢者医療制度の一部負担金・介護保険利用負担額の合算額に応じた一部負担制度
特定疾病	特定疾病における医療費の一部負担
葬祭費	加入者死亡時の葬祭費用負担制度

14 医療費が軽減される各種制度について知っておこう

医療費が多くかかった年に、医療費の一部を税金から控除する制度

■■ 特殊な病気の医療費公費負担

　医療技術の進歩もあり長寿大国となった我が国では、難病や慢性の病気を患う高齢者が増加しています。親が難病や慢性疾患にかかった場合、親自身またはその子世帯には高額の医療費が発生し、負担が増加する可能性があります。

　このようなケースに備え、医療費の自己負担を軽減するために国が以下のような援助を行っています。

① 重症患者：一部負担はなし
② 軽快者（症状が改善している者）：公費負担の対象外
③ 低所得者：市町村民税の非課税対象者は、一部負担をすべて免除
④ それ以外で特殊な病気を患う者：一部負担月額限度額は生計中心者の所得によって異なります。年間400万円以上の収入のある階層が最高となり、この場合入院で2万3100円、外来で1万1550円となります。

　公費負担の対象となるのは、国が指定した公費負担対象疾患のいずれかにかかっており、しかも医療費の自己負担があり、他の公費負担制度の適用を受けていない者に限られます。

　公費負担となる指定難病はベーチェット病、重症筋無力症、モヤモヤ病、全身性エリテマトーデスなどさまざまな種類があり、現在は306種類が対象になっています。

　なお、この制度は平成27年1月に行われた法改正による制度となりますが、それ以前より親が改正前の医療費助成の対象となっていた場合は、平成29年12月末までは経過措置として改正前の制度を受けるこ

とができます。この場合、新たに難病認定された者に比べ、自己負担額が少額になります。

■ 医療費控除とは

扶養する親が医療機関にかかっている場合などに医療費を支払った場合、確定申告の際に一定の金額を所得税から控除することができます。これを**医療費控除**といいます。

医療費控除の対象となる医療費は、納税者が、自分自身または自分と生計を一にする家族のために支払ったものでなければなりません。また、その年の1月1日から12月31日までに実際に支払った医療費であることが条件です。

対象となる医療費は、以下の通りです。
① 医師、歯科医師に支払った診療代
② 治療、療養のために薬局で買った医薬品代
③ 病院等に支払った入院費

■ 医療費となるもの、ならないもの

医療費となるもの
① 医師・歯科医師による診療または治療（健康診断の費用は含まない）
② 治療・療養に必要な医薬品の購入
③ 病院・診療所・指定介護老人福祉施設・助産所へ収容されるための人的役務の提供
④ あんま、マッサージ指圧師、はり師、きゅう師、柔道整復師等に関する法律に規定する施術者の施術
⑤ 保健師・看護師・準看護師による療養上の世話
⑥ 助産師による分べん（出産）の介助

医療費とならないもの
① 美容整形などの費用
② 健康ドリンクや病気予防のための薬などの購入費用
③ 人間ドックなどの健康診断の費用（ただし、その結果病気が発見され、引き続き治療を受けるときのこの費用は医療費の対象となる）
④ 治療に直接必要としない眼鏡、コンタクトレンズ、補聴器などの購入費用

④ 治療のためのあんま、はり、きゅう、整体などの施術費

　通院や入院時の交通費も医療費控除の対象になるため、親がタクシーを利用した場合などは領収書の発行を依頼し、保管しておきましょう。ただし、健康増進のための医薬品の購入代や人間ドックの費用、マイカーでの通院にまつわるガソリン代などの費用は対象とならないため、注意が必要です。

　年間に支払った対象となる医療費の総額（保険金等で補てんされる金額を除きます）から10万円（総所得金額等が200万円未満の人は総所得金額等の5％）を差し引いた金額が医療費控除額になります（ただし、医療費控除額の上限は200万円です）。

　たとえば、総所得金額等が100万円の年に8万円の医療費を支払った場合には、8万円から5万円（100万円×5％）を差し引いた3万円が医療費控除の金額となります。

■医療費控除を受けるための手続き

　医療費控除を受ける場合は、医療費の領収書を大切に保管するようにしましょう。確定申告書に添付するか、確定申告書を提出する際に提示しなければならないためです。医療機関にかかるたびにもらっておくとよいでしょう。なお、領収書を紛失した場合は、治療を受けた親の氏名、支払年月日、支払先、支払金額などの明細を家計簿などに記録して、税務署に説明する方法をとります。あるいは、手数料がかかりますが、病院で領収書に替えて領収の内訳を証明書として発行してもらうことが可能です。特に入院費は医療費控除できない費用もあるため、領収書は必ず必要になります。

　高額医療費制度により、医療費の自己負担分の一部が払い戻された場合や、保険会社から医療費を補てんする名目の給付金等を受け取った場合には、医療費からこれらの金額を差し引いて医療費控除を受けることになります。

15 扶養控除・社会保険料控除をうまく活用する

親の生活費や保険料を肩代わりしている場合は適用対象になる

■ 扶養控除とは

　親が経済的な事情で生活が苦しい場合などに医療保険を負担する場合や、離れて暮らす親に子が仕送りを行うような場合は、扶養控除制度を受けることができるケースがあります。**扶養控除**とは、納税者に控除対象扶養親族がいる場合に一定の金額の所得控除が受けることができる制度です。

　この「控除対象扶養親族」とは、納税者と生計を一にする配偶者以外の親族や養育を委託された児童、養護を委託された老人で所得金額の合計が38万円以下である人です。したがって、生計が同一の親は控除対象扶養親族となります。

　また、「生計を一にする」とは、必ずしも同一の家屋で起居していることを要件とするものでもありません。たとえば、勤務、修学、療養等の都合上で別居している場合であっても、余暇には起居を共にすることを常例としている場合（休暇の時には一緒に生活している場合など）や、常に生活費や医療費等を送金している場合には、「生計を一にする」ものとして取り扱われます。したがって、介護施設に入所している親の場合も「生計を一にする」ケースに含まれます。

　なお、扶養控除の金額は、被扶養者の同居事情や障害の程度によって異なります。具体的には、次ページ図の通りです。

■ 社会保険料控除

　個人的事情や社会政策上の要請などをふまえた上で合計所得金額から所定の金額を控除することを**所得控除**といいます。

所得控除にはさまざまな種類がありますが、そのうちの一つに「社会保険料控除」があります。親の社会保険料を子が負担している場合などには、この社会保険料控除の対象となる可能性があります。

　社会保険料控除は、国民の加入が義務付けられている健康保険料、厚生年金、介護保険などは、所得税の課税対象にしないという社会政策上のしくみに沿って設けられています。社会保険料の納税者が自分自身や納税者と生計を一にする配偶者やその他の親族の社会保険料を支払った場合や給与から天引きされた場合に適用される制度で、年末調整の際に申告することで控除をすることができます。

　ここでいう社会保険料とは、健康保険料・船員保険・後期高齢者医療保険・介護保険の保険料、国民健康保険（税）、国民年金・厚生年金の保険料、国民年金基金・厚生年金基金の掛金、雇用保険の労働保険料などのことです。

　控除できる金額は、社会保険料のうち、その年中に実際に支払った金額または給与や公的年金等から直接差し引かれた金額の全額です。そのため、たとえば親の後期高齢者医療制度の保険料を社会保険料控除対象に含める場合は、保険料の引き落とし口座を子自身のものにする必要があります。また、過去の年度の社会保険料でも支払えば社会保険料の控除の対象になり、控除額に限度がないことがメリットです。

■ 扶養控除の額

	区　　分(注1)	控除額
扶養控除	16歳以上19歳未満	38万円
	19歳以上23歳未満（特定扶養親族）	63万円
	23歳以上70歳未満	38万円
	70歳以上　　　　（老人扶養親族）	48万円
	同居老人扶養親族(注2)　の加算	58万円

（注）　1　区分の欄に記載している年齢はその年の12月31日現在によります。
　　　　2　同居老人扶養親族とは、老人扶養親族のうち納税者又はその配偶者の直系尊属で納税者又はその配偶者と常に同居している同居親族をいいます。

16 民間の医療保険を活用しよう

保険でカバーできる部分と適切な制度内容を理解しておく

■■ 公的保険をカバーする

　公的健康保険は病気やケガで治療を受ける際の強い味方となりますが、残念ながらすべての医療に対して有効ではありません。特別な医療機器を使用する場合や、国内で承認されていない薬を使う治療を受ける場合などは健康保険の適用を受けることができず、医療費が全額自己負担となることがあります。

　親の介護にまつわる費用や、親が病気になりかかった高額の医療費が全額自己負担となる、というケースは避けたいものです。医療保険の加入を検討する際には、これらのポイントを考慮に入れて選ぶ必要があるでしょう。

　通常、「医療保険」という保険に加入する場合、単独で契約することになりますが、「自分が入っているのは生命保険だけど、医療保険と同じような保障を受けられるようになっている」という人も多いようです。これは生命保険に医療保障の特約をつけているケースです。

　医療保険の場合、それ自体独自の契約であるため、保障期間などもそれぞれ確認して決めることができます。一方、医療保障特約の場合、主契約はあくまで生命保険であるため、生命保険料の払込期間が終わると、たとえ生命保険の保障が終身であっても医療保障特約は継続されず、保障が受けられなくなる場合があります。医療保険でも医療保障特約でも結果として同様の保障が行われることはありますが、請求する際には改めて自分の加入している保険内容を保険証書や約款で確認しておく必要があるでしょう。

■ 給付についての注意

　医療保険の給付には、大きく分けて「入院」と「手術」の２つがあります。入院給付金は、親が入院した場合に、入院１日につきいくらという形で給付金を受け取ることができます。一方、手術給付金は、親が手術を受けた場合に、１回○○円という形で給付金を受け取ることができます。

　医療保険においても、保険金が支払われるための要件と支払われない場合の要件があります。これらは、生命保険と同じく約款に書いてありますが、ここでは、最低限の要件について説明していきます。

① 　入院給付金の免責

　免責とは、「何日か以上、入院しないと入院給付金の支払対象になりません」という要件です。「免責４日」という要件の場合は、「５日以上入院した場合に５日目から入院給付金を支払う」という意味です。この場合、入院しても４日以内であれば、給付金は１円も出ません。

　「入院保障のある医療保険に入っていればどんな理由で入院しても大丈夫だ」と思っている人は多いかもしれませんが、実は入院の中には約款によって保険金支払いの対象外となっているものもあるので、十分確認する必要があります。たとえば人間ドックなどのようないわゆる検査入院に関しては保険金支払いの対象になりません。

　また、病気やケガによる入院の場合でも、保険金支払いの対象外となる事由があります。これを免責事由といいたとえば告知義務違反があった場合に支払いの対象外となることがあります。免責事由についてもあらかじめ確認しておくとよいでしょう。

② 　入院給付金の支払限度日数

　これは、入院給付金の支払対象となる日数の上限を定めた要件です。１回入院当たりの日数の限度と、通算した入院日数の限度の２つがあります。この２つの日数の計算方法について、親が同じ病気で入院したケースであれば、たとえ複数回に分けての入院であったとしても

「1回の入院」とみなされます。

具体例として、免責がなく、1回入院当たりの限度日数が60日、通算した入院日数が730日の医療保険のケースを挙げてみます。最初に30日間入院し、1か月間自宅療養した後に同じ病気でさらに40日間入院した場合は、入院給付金は70日ではなく60日分しか払われません。これは、約款に同じ病気で入退院を繰り返した場合、退院から180日以内の入院は1入院とみなすとされているためです。

③ 手術給付金

手術の種類に応じて入院給付金の日額の10〜40倍が支払われます。

注意が必要なのは、給付対象となる手術の種類が決まっており、対象外の手術では給付されないことです。一方、多くの医療保険で、入院をしない手術でも支給対象となる手術であれば、給付金が出ることになっています。くれぐれも請求を忘れないようにしましょう。

■本人の代わりに請求の手続をする人を指定できる

医療保険の請求は、通常は加入者本人が行うことになっています。

ガン保険の場合も同様ですが、本人が請求する場合、ガンであることを本人に告知する必要があります。しかし、中には「本人の精神的負担を考慮して、告知をしたくない」という場合もあるでしょう。ガン保険の多くは、このような場合に備えて指定代理請求制度の利用を可

■ 医療保険契約と医療保障特約

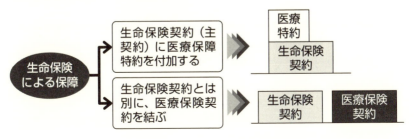

能としています。この制度は、本人の代わりに請求手続きをする人を指定しておくもので、給付金の受け取りも指定代理人が行うため、本人にガンであることを急いで知らせる必要がなくなることが特徴です。

■■ 保険金を請求する場合の手続き

保険事故が発生して、保険金を受け取ることができる状態になったとしても、保険会社が自ら保険金を支払うわけではありません。被保険者や受取人、指定代理請求人などが保険金の請求をしてくれなければ保険会社も動きようがないのです。

保険金の請求には、保険金の請求書（保険会社所定の書式がある）、保険証券、被保険者と受取人の戸籍謄本、受取人の印鑑証明、死亡保険金の場合は死亡診断書か死体検案書、といった書類が必要です。

病気やケガで入院するなどして、医療保険や医療特約の給付金を請求する場合、所定の請求書の他に医師の診断書の提出を求められるのが一般的です（中には病院の領収書だけでもよいとしている保険もあるため、診断書の要否について確認が必要です）。診断書については、保険会社所定の書式で提出することが必要になる場合がありますので、事前に確認し、取り寄せておいてください。

必要書類を提出し、その内容が確認されればおおむね１週間程度で保険金が支払われます。

■ 保険金請求の一般的な流れ

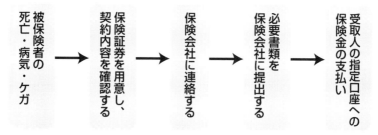

第2章
介護保険のしくみと活用法

1 介護保険のサービスを利用できる人について知っておこう

40歳以上の一定の病気の人と65歳以上の人が対象になる

■■ 介護保険とは

介護保険とは、加齢により介護を要する状態になった場合に安心して日常生活を送れるように医療や福祉のサービスを行う制度です。

家族が1人では生活できない状況に陥ったとき、周囲の者が介護をすることで生活を手助けすることになります。多くの場合、家族が介護を行うことになりますが、介護している人にとって、当初の想像を超える心身・経済面での負担を迫られるケースもあります。急速に高齢化が進む中で、認知症や寝たきりになる高齢者も増え、介護の問題や日本が抱える最優先の課題となっているという状況です。

こうした状況を少しでも改善するために、従来、老人福祉と老人保健に分かれていた高齢者の介護に関する制度を統一し、利用者にとって公平で利用しやすい制度を作ることを目的として平成12年4月から施行されたのが介護保険制度です。介護保険制度は、サービスの提供が利用者全体に公平に行きわたり、かつ効率的に運用できるように工夫されています。

介護保険制度の保険者は市町村で、国や都道府県、そして協会けんぽなどの医療保険制度により包括的に支えられながら運営を行っています。具体的には、サービスの提供を行う基準となる要介護認定や保険料を徴収する他、実際に給付する介護サービスを決定し、給付するなど、介護保険制度の運営上でメインとなる役割を担っています。

■■ 第1号被保険者とは

介護保険の被保険者には、第1号被保険者と第2号被保険者があり

ます。65歳以上の人は、第1号被保険者となります。第1号被保険者は、自分の住んでいる市区町村が定めている保険料を納めます。一定以上の年金を受給している人はその年金から保険料が天引きされ、一定金額以下の年金受給者は、直接市区町村に保険料を納めることになります。第1号被保険者が納める保険料は、各市区町村が所得に応じて段階的に設定した金額で、定額制です。従来、第1号被保険者の負担する保険料は、市町村民税の課税状況や所得金額に応じて6段階に分かれていましたが、制度の見直しにより低所得者の保険料の見直しが強化され、平成27年度からは9段階になりました。

第1号被保険者で介護保険の給付を受けることができるのは、要介護や要支援の認定を受けた人です。

また、40～64歳の間に生活保護を受給していた場合も、65歳になると介護保険制度の第1号被保険者となります。保険料は生活保護の生活扶助から支払われ、実際に介護サービスを受ける場合には、介護

■ 第1号被保険者と第2号被保険者の特色

	第1号被保険者	第2号被保険者
対象者	65歳以上の人	40～64歳の医療保険加入者とその被扶養者
介護保険サービスを利用できる人	要介護・要支援認定を受けた人	特定疾病によって要介護・要支援状態になった人
保険料を徴収する機関	市区町村	医療保険者
保険料の納付方法	年金額が 一定以上：特別徴収 一定以下：普通徴収	介護保険料を上乗せされた状態の医療保険に納付
保険料の金額の定め方	所得段階で分けられた定額保険料 （市区町村が設定）	〈各医療保険〉 　標準報酬×介護保険料率 〈国民健康保険〉 　所得割・均等割等の 　人数費による按分

第2章 ◆ 介護保険のしくみと活用法

保険制度の給付を受けることになります。

■■ 第2号被保険者とは

一方、第2号被保険者には、40～64歳で医療保険に加入している人とその被扶養者がなります。医療保険に加入している人やその被扶養者が40歳になると、自分の住んでいる市区町村の第2被保険者となります。第2号被保険者は、第1号被保険者とは異なり、自分の加入する医療保険料の徴収時に介護保険料の分を上乗せされて徴収されます。この場合の介護保険料の負担部分は、医療保険料と同じく雇用者側との折半です。ただし、医療保険の被扶養者も40歳以上になると第2号被保険者となりますが、介護保険料の負担はありません。

第2号被保険者で介護保険の給付を受けることができるのは、第1号被保険者とは異なり、特定疾病によって介護や支援が必要となった場合に限られます。

なお、介護保険の被保険者には被保険者証が発行されますが、第1号被保険者と第2号被保険者で発行の条件が異なります。第1号被保険者の場合はすべての被保険者が対象で、市区町村から郵送されます。第2号被保険者の場合は、要介護・要支援の認定を受けた人と、被保険者証の交付申請をした人に対してのみ、市区町村から発行されます。

■■ 介護保険が適用されない人もいる

40歳～64歳までの医療保険に加入している人及び65歳以上の人であっても、たとえば障害者総合支援法に規定されている指定障害者支援施設に入所している人など「適用除外施設」に入所している場合、それぞれの施設では生活援助など必要なサービスを提供していることが多いため、介護保険の適用を受けない適用除外という扱いになっています。なお、適用除外施設を退所または退院した場合は、介護保険の被保険者として扱われることになります。

2 介護保険のサービスを利用できる対象はどんな人なのか

要支援あるいは要介護の認定を受けた人が利用できる

■ どんな場合にサービスを受給できるのか

　介護保険は、要支援または要介護の認定を受けた人への給付制度です。**要支援状態**であれば要支援者、**要介護状態**であれば要介護者です。

　要支援状態とは、社会的支援を必要とする状態のことで、具体的には、日常生活を送る上で必要となる基本的な動作をとる際に、見守りや手助けなどを必要とする状態のことです。要支援状態は要介護に比べ軽度な状態をいい、該当した場合は状態の改善もしくは要介護状態への悪化を防止するため、介護予防に関する給付サービスを受けることができます。一方、要介護状態とは、要支援状態より重く、日常生活を送る上で必要となる基本的な動作をとるときに介護を必要とする状態です。要介護認定を受けた場合には介護給付を受けることができます。

■ 非該当・要介護・要支援の内容

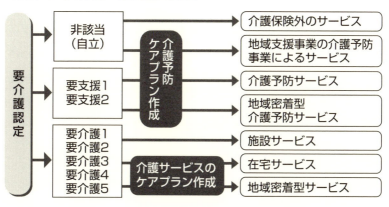

■ 認知症高齢者の日常生活自立度

　認知症高齢者の要支援・要介護状態の認定では、1次判定や2次判定の際の資料のひとつとして、認知症高齢者の日常生活自立度という基準が用いられています。たとえば、何らかの認知症を有するが、日常生活は家庭内及び社会的にほぼ自立しているのであればランクⅠ、日常生活に支障をきたすような症状・行動や、意思疎通の困難さが頻繁に見られ、常時介護を要する状態であればランクⅣとなります。

■ 要介護認定等基準時間とは

　要支援、要介護の判断の際に基準となる、介護や手助けに必要となる時間のことを**要介護認定等基準時間**といいます。要介護認定等基準時間は、実際に介護サービスを受けられる時間ではなく、要介護認定の1次判定で推計されます。

　要介護認定等基準時間に算入される内容には、①直接生活介助、②間接生活介助、③問題行動関連介助、④機能訓練関連行為、⑤医療関連行為があります。

　①の直接生活介助とは、入浴や排せつ、食事の介護など、身体に直接ふれて行います。②の間接生活介助とは、衣服の洗濯や日用品の整理など、日常生活を送る上で必要とされる世話のことです。③の問題行動関連介助とは、徘徊や不潔行動といった行為への対応のことで、徘徊に対しては探索を行い、不潔行動に対しては後始末を行うという対応をとります。④の機能訓練関連行為とは、身体機能の訓練やその補助のことで、嚥下訓練（飲み込む訓練）の実施や歩行訓練の補助を行います。⑤の医療関連行為とは、呼吸管理や褥瘡処置（床ずれへの処置）の実施といった診療の補助を行うことです。

3 要支援・要介護とはどんな状態をいうのか

介護が必要な経験に応じて分類される

■■ 要支援1～2、要介護1～5と判断されると対象者になる

　要介護認定等基準時間などに基づく、要支援1～2、要介護1～5の分類は次ページの図の通りです。要介護度の区分は心身の状態が変化した場合、残りの有効期間にかかわらず、変更を申請することができます。審査・判定で要介護度が上がることもありますが、同じあるいは下がることもあります。

■■ 要支援2と要介護1の振り分けについて

　要支援1は、介護保険を受けられる人の区分の中では一番軽い区分です。具体的な状態は、日常の基本動作のうち、食事や排泄などはおおむね自分で行うことができ、立ち上がる時に手助けが必要になることがある状態です。

　要支援2と要介護1について、介護認定等基準時間はどちらも32分～50分です。要支援2の場合、1次判定では「要介護1相当」と判定されます。この「要介護1相当」と判定された申請者が、2次判定で「要支援2」と「要介護1」に振り分けられます。

　具体的には、要介護1相当の状態のうち、次に挙げる状態ではない申請者が要支援2の認定を受けます。
・病気やケガによって心身の状態が安定していない状態
・十分な説明を行っても、認知機能の障害や、思考や感情等の障害によって予防給付の利用に関して適切な理解が困難な状態
・その他の事柄によって予防給付を利用することが困難な状態
　これらの状態の1つに当てはまる申請者は要介護1の認定を受けま

す。つまり、認知症による問題行動がある場合や、認知症の症状が重い場合です。認知症の症状が重いために、排泄や清潔保持、衣服の着脱といった行為の一部に介助が必要となるため、要支援2より重い要介護1と判定されることになります。

■ 要支援・要介護状態

	要介護認定等基準時間
要支援1	25～32分未満の状態 25～32分未満に相当すると認められる状態
要支援2	32～50分未満の状態 32～50分未満に相当すると認められる状態
要介護1	32～50分未満の状態 32～50分未満に相当すると認められる状態 要支援2に比べ認知症の症状が重いために排泄や清潔保持、衣服の着脱といった行為の一部に介助が必要とされる
要介護2	50～70分未満の状態 50～70分未満に相当すると認められる状態 1日に1回は介護サービスが必要となる状態の人が認定される
要介護3	70～90分未満の状態 70～90分未満に相当すると認められる状態 1日に2回の介護サービスが必要になる程度の要介護状態
要介護4	90～110分未満の状態 90～110分未満に相当すると認められる状態 1日に2、3回の介護サービスが必要となる程度の要介護状態
要介護5	110分以上ある状態 110分以上に相当すると認められる状態 日常生活を送る上で必要な能力が全般的に著しく低下しており、1日に3、4回の介護サービスを受ける必要がある状態

※要介護認定等基準時間は、1日あたりに提供される介護サービス時間の合計がモデルとなっています。基準時間は1分間タイムスタディと呼ばれる方法で算出された時間をベースとしています。1分間タイムスタディとは、実際の介護福祉施設の職員と要介護者を48時間にわたって調査し、サービスの内容と提供にかかった時間を1分刻みに記録したデータを推計したものです。

4 介護給付と予防給付について知っておこう

いずれも要支援認定者が受けることのできるサービスである

■■ 要支援者はどんな介護保険のサービスを利用できるのか

　要支援認定を受けた人の場合には、要支援の状態から自立した生活ができるようにするために、あるいは要介護の状態にならないように予防するためにメニューが組まれます。要支援の認定を受けた人が受けられるサービスを**予防給付**といいます。

　予防給付は、介護が必要となる状態を予防するためのものですから、あらかじめ計画を立ててから提供されます。この計画を**予防プラン**といい、地域包括支援センターの職員またはその委託を受けた者が作成します。

　要支援の認定を受けた人が利用できるサービスは、在宅サービスと地域密着型サービスの一部で、施設サービスは利用できません。

　在宅サービスには、訪問・通所介護、訪問入浴介護、訪問看護、といったものがあります。予防給付の各メニューの内容は、要介護の人が受ける在宅サービスとほぼ同じですが、予防給付のサービスを利用できる場所は、通所サービスが中心になります。ただし、通所サービスを利用することが難しい場合には、訪問サービスが認められます。

　なお、要支援の人の状況が悪化して要介護の認定を受けた場合には、提供されるサービスは介護給付に変更されます。

　予防給付の多くのメニューには、介護予防という名称がついていますが、提供されるサービス内容は基本的には要介護者が受けるものとあまり違いはありません。ただ、そのサービスを提供する目的が要介護者の場合とは異なって、介護状態の予防と現状の改善に向けられています。

■■ 平成26年改正で予防給付の内容の見直しが行われた

　予防給付のうち、介護予防訪問介護と介護予防通所介護は、平成29年度までに地域支援事業に移行します。この移行に伴い、サービス提供者とサービス内容が大きく変わります。まず、既存の訪問・通所介護事業者に加え、NPO、民間事業者、住民ボランティアも提供者になることができます。そして、身体介護、機能訓練を中心としていたサービス内容に、掃除、洗濯、ゴミ出しといった生活支援サービスが加わりました。サービスの提供者とその内容の多様化により、期待できるメリットとしては、多様なニーズにも対応できる点、住民主体の低廉な単価設定ができる点などが挙げられます。さらに、住民参加の地域に根ざした介護予防活動が可能なため、サービスの利用者は、扶助を通して地域とのつながりを維持することができます。

■■ 要介護者はどんなサービスを利用できるのか

　介護保険制度では、常に誰かの介護を必要とする状態にあると判断されると、要介護と認定されます。要介護の人は、在宅サービスと施設サービス、地域密着型サービスを利用することができます。

　要介護者のケアプランは、ケアマネジャーが作成します。介護給付にかかる費用のうち9割は介護保険でまかなわれますが、ホテルコスト（92ページ）については原則として自己負担とされています。これは在宅サービスでも施設サービスでも同じです。施設を利用する場合には、従来のケアマネジャーから施設のケアマネジャーに代わり、施設のケアマネジャーが施設サービス計画の作成を行います。

　予防給付サービスはいずれのサービスも原則として要介護者と同様の内容ですが、その目的は介護予防となっているため、要支援の状況が改善されたかどうか、結果が求められ、評価されるしくみになっています。介護給付と予防給付で提供されるサービスは図（次ページ）の通りです。

■ 予防給付と介護給付の種類

（予防給付）

	メニュー
在宅サービス	介護予防訪問介護　　　　　　　介護予防訪問入浴介護 介護予防訪問看護　　　　　　　介護予防訪問リハビリテーション 介護予防居宅療養管理指導　　　介護予防通所介護 介護予防通所リハビリテーション　介護予防短期入所生活介護 介護予防特定施設入居者生活介護　介護予防短期入所療養介護 特定介護予防福祉用具購入費支給　介護予防福祉用具貸与 住宅改修
施設サービス	給付なし
地域密着型	介護予防認知症対応型共同生活介護 介護予防認知症対応型通所介護 介護予防小規模多機能型居宅介護
ケアプラン	介護予防支援（予防プランの作成）

（介護給付）

	メニュー
在宅サービス	訪問介護　　　　　　　　　　　訪問入浴介護 訪問看護　　　　　　　　　　　訪問リハビリテーション 居宅療養管理指導　　　　　　　通所介護 通所リハビリテーション　　　　短期入所生活介護 短期入所療養介護　　　　　　　特定施設入居者生活介護 福祉用具貸与・特定福祉用具購入費支給 住宅改修
施設サービス	指定介護老人福祉施設　　　　　介護老人保健施設 指定介護療養型医療施設
地域密着型	夜間対応型訪問介護　　　　　　認知症対応型通所介護 認知症対応型共同生活介護 地域密着型介護老人福祉施設入所者生活介護 地域密着型特定施設入居者生活介護 小規模多機能型居宅介護 定期巡回・随時対応型訪問介護看護　　地域密着型通所介護 複合型サービス
ケアプラン	居宅介護支援（ケアプランの作成）

※平成26年6月に成立した医療介護総合確保推進法により、介護予防訪問介護と介護予防通所介護は平成29年度末までに介護予防・日常生活支援総合事業へ移行予定

■住み慣れた地域で生活できるようにするためのサービスがある

　地域密着型サービスとは、地域に住む要介護者・要支援者に向けて、市町村の指定を受けた事業者が提供するサービスです。地域密着型サービスの目的は、認知症の高齢者・一人暮らしの高齢者・支援を必要とする高齢者が住み慣れた地域で生活を続けられるようにする点にあります。

　もともとその地域（市区町村）に住む要介護者に向けて提供されるもので、認知症や一人暮らしの高齢者がなるべく住み慣れた地域で生活を続けることができるようにするために、さまざまなサービスを必要に応じて組み合わせることができるようになっています。

　地域密着型サービスには、以下の9種類があります。

---

① 　定期巡回・随時対応型訪問介護看護（79ページ）

② 　夜間対応型訪問介護（79ページ）

③ 　地域密着型通所介護（80ページ）

④ 　認知症対応型通所介護（デイサービス）（81ページ）

⑤ 　小規模多機能型居宅介護（85ページ）

⑥ 　認知症対応型共同生活介護（グループホーム）（138ページ）

⑦ 　地域密着型特定施設入居者生活介護（小規模の介護専用型有料老人ホームなど）（128ページ）

⑧ 　地域密着型介護老人福祉施設入所者生活介護（小規模の特別養護老人ホーム）（118ページ）

⑨ 　複合型サービス（86ページ）

　このうち、要支援者は、小規模多機能型居宅介護、認知症対応型通所介護、認知症対応型共同生活介護（要支援2のみ）のサービスが利用できます。

5 ケアプランを作成するサービスについて知っておこう

ケアマネジャーに作成を依頼することができる

■ ケアプランとは何か

　ケアプランとは、要支援者や要介護者の心身の状況や生活環境などを基に、利用する介護サービスの内容などを決める計画のことです。

　ケアプランは、たとえば「月曜日の15時～16時に訪問介護のサービスを受ける」というように、1週間単位でスケジュールが組まれるものです。そのため、サービスの種類と提供を受ける日時については1週間単位となりますが、実際に要介護者や要支援者の行動予定を考える際に基準となる時間については、1日24時間単位で詳細にわたり考えられることになります。

■ ケアプランの種類

　要支援認定を受けた人がサービスを受けるために立てるプランを**介護予防ケアプラン**といいます。要支援者への介護予防のケアマネジメントを担当するのは地域包括支援センターで、プラン作成を担当するのは、支援センターの保健師などです。

　また、要介護認定を受けた人向けのプランには、居宅サービス計画と施設サービス計画があります。居宅サービス計画は、在宅でサービスを受ける場合のプランです。施設に入所してサービスの提供を受ける場合のプランを施設サービス計画といいます。

　なお、要介護者向けのケアプランは、利用者のニーズによってスケジュールの内容が異なります。主なモデルとして、①通所型、②訪問型、③医療型などがあります。

■■ 居宅介護支援はケアプランを作成するサービス

居宅介護支援とは、介護サービスの利用にあたり、利用者、家族、行政、医療機関などから情報を収集し、認定を受けた利用者の「ケアプラン」を作成する制度のことです。

この制度は、主に介護保険制度への理解が不十分な人や事業者との連絡調整が難しい人、自分でケアプランが作れない人などの利用が想定されています。

このサービスの担い手はケアマネジャーで、介護支援専門員とも呼ばれます。ケアマネジャーの主な業務は、利用者のためのケアプランを作成し、公平中立の立場で利用者と事業者との間の連絡調整を行うことです。

さらに、ケアプラン実行後は、その実施状況をチェックするために利用者宅を訪問します。中には、ベテランスタッフを配置して虐待などが絡んだ複雑な案件を積極的に引き受けたり、24時間の電話対応を実施することを売りにしているところもあります。

なお、保険料の滞納などがない限り、居宅介護支援を受けた場合の利用料は、介護保険から全額支払われます。

■■ 介護予防支援は介護予防ケアプラン作成を行うサービス

介護予防支援とは、要支援者を対象に、利用者と事業者間の連絡調整や介護予防ケアプラン作成を行うサービスです。

居宅介護支援を要支援者向けにしたものというイメージですが、介護予防支援の場合は、主にケアプランを作成するのは地域包括支援センターです。

ただし、介護予防ケアプランの作成業務の一部がケアマネジャーに委託されることもあります。

6 自宅で受けることができるサービスについて知っておこう

訪問介護員による介護や入浴、リハビリ、療養管理指導などがある

■ 訪問介護とは

　訪問介護（ホームヘルプサービス）とは、支援を必要とする高齢者の自宅に訪問介護員（ホームヘルパー）が訪問し、必要なサービスを提供することで、身体介護と生活援助の2種類があります。

　身体介護とは、食事の介助や排せつの介助、入浴、清拭、衣服の着脱、移動介助、車いす介助など、身体に関わるサービスをいいます。一方、**生活援助**とは、掃除や洗濯、買い物、食事の準備など、日常生活に必要なサービスをいいます。

　訪問介護における介護サービスは、介護を必要とする高齢者が在宅で生活をするにあたりできない部分を補うために提供されます。したがって、たとえば高齢者本人の食事は作っても、遊びに来た家族の食事は作らないなど、ケアマネジャーが決めた計画内容から外れるサービスの提供は行われません。

　なお、訪問型のサービスには「訪問入浴介護」などもあります。これは、数人の介護者、看護師などが浴槽を持ち込んで行う、入浴サービスの提供のことです。看護の資格を持つ職員が帯同しており、入浴前に健康状態を確認してもらうことができるため、在宅で重度介護者の介護を行う家族も安心してサービスを受けることができます。

■ 介護予防訪問介護とは

　要支援の人を対象とした訪問介護のことです。サービスの内容そのものは訪問介護とほとんど同じであるものの、「自分でできることは、できるだけ自分でやってもらう」という自立を促す支援である点に相

違点があります。たとえば、食事の支度について、「味付けはできるが、包丁を使うのは危ないから無理」というケースでは、ヘルパーは包丁を使う作業だけを行うことになります。

なお、要支援者を対象とした入浴サービスである介護予防訪問入浴介護もあり、訪問入浴介護との違いは、利用できる場合が制限されていることが訪問入浴介護とは異なります。

具体的には、自宅に浴槽がない場合と、感染症のおそれがあって施設の浴槽が使えない場合のみ利用できます。訪問入浴介護は、寝たきりなどの理由で、一般家庭の浴槽では入浴が困難な人を想定したサービスです。そのため、要介護度４、５の人がサービス利用者の大半を占めており、要支援者が訪問入浴介護を利用するケースはそれほど多くはないようです。

■■ 訪問看護とは

日常生活や移動の支援などについては、訪問介護員のサービスを受けることである程度不足を補うことができますが、心身に病気やケガをしている人の場合、訪問介護員のサービスだけで在宅生活を維持するのが難しいことがあります。訪問介護員には、注射や傷の手当といった医学的なケアをすることができないためです。

そこで、重要になるのが**訪問看護サービス**の存在です。訪問看護は、医師の指示を受けた看護師や保健師などの医療従事者が行うサービスのことで、主な業務内容には、血圧測定や体温測定などによる状態観察、食事、排せつ、入浴などの日常生活のケア、服薬管理、褥瘡処置などの医療処置などが挙げられます。その他、利用者の家族への介護支援や相談対応、ガン末期や終末期におけるターミナルケアなども行っています。

訪問看護サービスを行う事業所は、訪問看護ステーションと病院・診療所の２種類があります。どちらの場合にもサービスを利用する際

には、主治医の訪問指示書が必要です。

一方、要支援者を対象とした訪問看護のことを介護予防訪問看護といいます。要支援者の自宅に看護師などが出向いて療養上の世話を行ったり診療を補助するサービスのことで、サービス内容や介護報酬は、訪問看護と同じです。

◆ 訪問リハビリテーションとは

骨折や脳血管性疾患などにより身体機能が低下した場合に、その機能の維持・回復を図るためにはリハビリテーションが有効です。しかし、リハビリのためにたびたび通院・通所することができず、自宅で家族などがリハビリをするのも難しいという場合もあります。

このような場合には、**訪問リハビリテーション**を活用することが有効です。医師の指示に基づいて理学療法士や作業療法士、言語聴覚士が利用者の自宅を訪問し、理学療法や作業療法、言語聴覚の訓練を受

■ 要介護者が利用できる訪問サービス

訪問介護	別名ホームヘルプサービス ホームヘルパーが要介護者の自宅に出向く 要介護者の身体介護・生活援助・相談・助言
訪問入浴介護	入浴車で要介護者の自宅に出向く 入浴車にて入浴の介護を行う
訪問看護	病状は安定しているものの日常生活を送るには支障がある人が対象 要介護者の自宅に看護師などが出向く 看護師などが主治医の判断に基づいて医療的な看護を提供する
訪問リハビリテーション	理学療法士・作業療法士が要介護者の自宅に出向く 要介護者の心身機能の維持回復、自立の手助けが目的 理学療法・作業療法などによるリハビリテーションを行う
居宅療養管理指導	退院した要介護者の自宅に医療や栄養学の専門家が出向く 専門家は医師・歯科医師・薬剤師・管理栄養士・歯科衛生士など サービス内容は療養上の管理・指導・助言

第2章 ◆ 介護保険のしくみと活用法

けることができます。また、要支援者が受けられるサービスに**介護予防訪問リハビリテーション**があります。受けられるサービス内容や介護報酬は訪問リハビリテーションと同じです。

　リハビリテーションは、急性期リハビリテーション、回復期リハビリテーション、維持期リハビリテーションに分けられ、このうち維持期リハビリテーションが介護保険の対象になります。具体的には、歩けない人のリハビリは寝たきりを防ぐために、寝返り、起き上がり、立ち上がりなどの関節可動域訓練や筋力増強訓練などを行います。また、車いすのための自宅の環境整備も同時に行います。歩ける人に対するリハビリは、介助を受ければ歩ける人、屋内では介助なしで歩ける人など、対象に応じた方法で主に歩行訓練を行います。

■ 居宅療養管理指導とは

　本来であれば通院して療養すべきところが、さまざまな事情で思うように通院できない状況にあるような在宅で生活する要介護者は**居宅療養管理指導**を受けることができます。本人はもちろん、介護する家族の負担や不安も大きいため、介護保険を使い、医師や歯科医師の指示を受けた薬剤師や管理栄養士、歯科衛生士、保健師、看護師などの専門職が療養に関する管理、指導などを受けることができます。

　居宅管理指導が認められる利用者には、糖尿病や心臓病など継続して治療や栄養管理などを受けることが必要な人、酸素吸入や呼吸器の管理を必要とする人、口腔内に虫歯や歯槽膿漏などの問題を抱えている人などが挙げられます。

　一方、要支援者を対象とした居宅療養管理指導のことを**介護予防居宅療養管理指導**といいます。介護予防居宅療養管理指導は、要支援者の自宅に医師や歯科医などの専門家が訪問し、介護サービスを受ける上での注意や管理についての指導を行うものです。サービス内容、介護報酬は、居宅療養管理指導と同じです。

■■ 夜間対応型訪問介護とは

　夜間対応型訪問介護とは、自宅生活の要介護者を対象に、夜間の巡回訪問サービスや入浴、排泄、食事などのサービスを提供することです。具体的には、オムツ交換や体位変換、またはオペレーションセンターが夜間の連絡に対する適切なサービス提供を行います。利用料については、月額の基本料と、提供されたサービスに応じた金額を支払う必要があり、オペレーションセンターの有無により区分されます。

■■ 定期巡回・随時対応型訪問介護看護

　定期巡回・随時対応型訪問介護看護とは、訪問介護と訪問看護のサービスを一体的に24時間体制で提供する制度です。1つの事業所で訪問介護と訪問看護を一体的に提供するタイプ（介護・看護一体型）と、同じ地域の訪問介護を行う事業所と訪問看護事業所が連携してサービスを提供するタイプ（介護・看護連携型）があります。

　身体介護サービスを中心に一日複数回のサービスを行うことを想定した制度で、要介護者を対象としています。利用者からの通報により、電話などによる応対・訪問などの随時対応が行われます。通報があってから、30分以内に訪問できるような体制を確保することを目標としています。利用者の通報に対応するオペレーターは、看護師、介護福祉士、医師、保健師、准看護師、社会福祉士または介護支援専門員の資格者であることが求められています。

　2013（平成25）年10月の時点で、このサービスを行う事業所は一体型・連携型合わせて353か所でした。しかし2015（平成27）年11月には、755か所と増加傾向にあります。このサービスを利用することで、中重度者でも施設に入所することなく、住み慣れた環境で安心して過ごす事が可能になるため、今後さらに利用の増加が見込まれます。

7 通所で利用するサービスについて知っておこう

高齢者の社交性を高め、介護者のリフレッシュ効果もある

■■ 通所介護・介護予防通所介護とは

　通所介護は一般的に**デイサービス**と呼ばれ、在宅介護を必要とする人に広く利用されています。サービスの内容は地域や施設によって異なりますが、おおむね自宅から施設までの送迎、食事や入浴、排せつなどの介助、レクリエーションの実施といった内容が提供されています。

　通所介護には、利用者の栄養管理や清潔維持につながる利点があります。また、閉じこもりがちな高齢者が社会とつながり、社交性を高めるなどの効果が期待できます。さらに、利用者が通所介護に出かける間、介護者は心身リフレッシュのための休養を取ることができます。

　通所介護は必ずしも居住している市区町村内の施設を利用しなければならないわけではありませんが、原則として居住している市区町村内の施設に通う比較的小規模のタイプ（定員18人以下）の通所介護もあります（**地域密着型通所介護**といいます）。

　介護予防通所介護とは、通所介護で提供される食事、入浴、排せつなどの日常生活支援に加え、運動機能の向上、栄養改善、口腔機能の向上など、要介護状態に陥らないようにするための支援を受けることができるサービスです。

　介護認定で要支援1、2と判定された人が予防プランを基に利用し、「一人で買い物に行けるようになる」などの目標と期間を定め、理学療法士や管理栄養士など専門家の指導によって体操などのサービス提供を受けます。ただし、介護予防通所介護の場合、1つの事業所を選択する必要があり、複数利用はできません。

■ 通所リハビリテーション・介護予防通所リハビリテーションとは

　通所リハビリテーション（デイケアサービス）は、病気やケガなどで身体機能が低下した高齢者に継続的にリハビリテーションを施し、機能回復・維持を目的とした施設です。理学療法士や作業療法士といった専門家が配置され、医師の指示の下で個々の利用者に合ったリハビリメニューが組まれます。通所介護と同様、送迎から食事、入浴、排せつ介助といったサービスを提供している事業所の他、短時間でリハビリテーションの施術のみを行う事業所もあります。

　介護予防通所リハビリテーションとは、要支援者を対象とした通所リハビリテーションのことです。**デイケア**と呼ばれることがあります。すべての人に共通するリハビリテーション（日常生活の動作に必要な訓練）に加え、それぞれの希望や状態に合わせた選択的サービスを提供します。選択的サービスには、運動器機能向上、栄養改善、口腔機能改善があり、予防通所介護を幼稚だと敬遠する男性でも利用しやすいように配置されています。

■ 認知症対応型通所介護・介護予防認知症対応型通所介護

　自宅で生活している要介護者にデイサービスセンターなどに通ってもらい、入浴、排泄、食事などの介護や機能訓練を実施するのが認知症対応型通所介護です。自宅で生活している利用が、施設において日常生活上の世話や機能訓練を受けることで、社会的孤立感を解消できます。また、利用者の家族の負担を減らすこともできます。利用料金には、単独型、併設型、共有スペース活用型などの区分があります。

　介護予防認知症対応型通所介護では、軽度の認知症高齢者が共同生活をするグループホームの共用スペースを利用し、通所介護サービスが提供されます。利用できるのは、居宅の要支援者に限られます。認知症対応型通所介護との違いは、日常生活上の世話ではなく支援を通して、利用者の生活機能の維持または向上をめざす点です。

8 短期間だけ入所するサービスについて知っておこう

一時的に施設に受け入れ、日常生活の支援を行うサービス

■■ 短期入所生活介護、短期入所療養介護とは

　短期入所生活介護及び**短期入所療養介護**は、いわゆる**ショートステイ**と呼ばれるサービスです。介護が必要な高齢者を一時的に施設(特別養護老人ホームなどの介護保険施設や、特定施設、養護老人ホーム、病院など)に受け入れ、短期入所生活介護の場合は食事や入浴、排せつ、就寝といった日常生活の支援を、短期入所療養介護の場合は医療的なケアを含めた日常生活の支援を行います。また、要支援者を対象とした短期入所生活介護のことを介護予防短期入所生活介護、要支援者を対象とした短期入所療養介護のことを介護予防短期入所療養介護といいます。サービス内容や介護報酬は、要介護者を対象とした短期入所生活介護、短期入所療養介護と同様です。

　短期入所サービスについての共通事項としては、適切な技術をもって介護を行うこと、職員以外の者による介護を利用者の負担によって受けさせてはならないこと、本人や他の利用者の生命・身体の保護など、緊急でやむを得ない場合を除いては身体の拘束などの行為を行わないことが挙げられます。

　ショートステイは、高齢者が自立した生活を送れるようにすることを目的としています。さらに、身体の自由がきかずに自宅に引きこもりがちの高齢者が社会と接する重要な機会を提供し、孤立感を軽減させることができます。また、短期入所サービスは、介護者の入院や出張、冠婚葬祭などのやむを得ない事情の他、単に「疲れたので一時的に介護から離れてリフレッシュしたい」「旅行に行きたい」といった内容でも、施設に不都合がなければサービスの利用が可能であるため、

家族の介護負担を軽くするという効果もあります。

■■ 短期間利用して施設の生活を知ることも大切

　有料老人ホームというと、「終身利用権」を取得し、長期にわたって入居するのが一般的な利用の仕方です。しかし、最近はこれにこだわらず、さまざまな利用者のニーズに応じるために、短期利用を受け付ける有料老人ホームも増えてきています。有料老人ホームに入居するということは、つまり、高齢者の命を施設に預けることを意味します。したがって、「今日頼んで今すぐに入居する」というように簡単には決められないものです。そこで、事前に短期利用を経験し、入居者側と施設側がお互いに情報交換をしておけば、いざというときに安心です。短期利用は、その入居期間によって、ショートステイ、ミドルステイ、年単位入居に分類できます。

■■ ショートステイ

　数日から2週間程度の短い期間入居することをいいます。短期入所生活介護や短期入所療養介護のことだけを指して「ショートステイ」という場合もありますが、ここでは、介護保険が適用されない短期利用も含めて「ショートステイ」に分類しています。

■ 短期利用の種類と活用方法

種類	入居期間	活用方法
ショートステイ	数日〜2週間程度	介護者のリフレッシュ、旅行、短期出張、冠婚葬祭など
ミドルステイ	月単位	介護者の長期出張、本入居前の体験入居など
年単位入居	1年ごと	介護者の転勤、特養の空き待ち期間など

介護者が旅行などに出かけてリフレッシュしたいときや、仕事で短期出張するとき、冠婚葬祭などで外出しなければならないときなどに便利です。入居する高齢者の中には、施設で生活すること自体に抵抗を感じている人も多いようですが、このような機会に合わせて、まずは数日間の入居から始めてみると、施設での生活に無理なくなじんでいくことができます。
　なお、特別養護老人ホームなどであれば介護保険サービスの短期入所生活介護や短期入所療養介護を利用することができますが、有料老人ホームの場合は介護保険が適用されないことも多いので、その場合の料金は割高になります。一泊約１〜２万円程度が一般的のようです。

■■ミドルステイ

　１か月、２か月と月単位で入居することをいいます。介護者が長期出張する場合などに活用するとよいでしょう。また、ショートステイだけではわからない施設や職員の雰囲気を体感することもできますので、本入居を決める前の体験入居として、ミドルステイを活用してみるという方法もあります。
　料金は１か月単位で設定しているところと、利用した日数で算出するところがあります。

■■年単位入居

　１年ごとに利用契約を更新する方法です。介護者が転勤するが数年後に帰ってくるという場合や、特別養護老人ホームの空き待ちの期間利用するといったことが考えられます。
　また、入居者が非常に高齢（90歳以上）である場合や、末期ガンを患っている場合など、今後の利用期間が長期間に及ぶ可能性が低い場合に、トータルの費用を抑える手段として有効な場合があります。

9 訪問・通い・宿泊を組み合わせたサービスがある

各種サービスを組み合わせて利用することができる

■ 小規模多機能型居宅介護とは

小規模多機能型居宅介護とは、自宅で生活する要支援者・要介護者に対し、1つの事業所でデイサービスを中心としたサービスを提供し、希望者に対して随時訪問介護、ショートステイ（短期間宿泊）サービスを組み合わせて提供することです。

一般の通所介護に比べ柔軟性があり、利用者やその家族のニーズに柔軟に対応できるよう、人員配置や設備等の基準が設定されています。希望すれば24時間、365日いつでもサービスを受けることができるという特徴があるため、利用料は月単位で決まり、利用回数や組合せにかかわらず料金は同じです。サービスを受けたい場合は、一般の訪問介護や通所介護と異なり、1か所の事業所とのみ契約します。つまり、小規模多機能型居宅介護の事業所に登録しながら、別のデイサービス

■ 小規模多機能型居宅介護サービスのしくみ

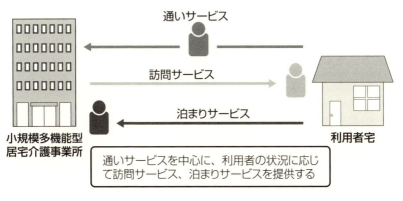

通いサービスを中心に、利用者の状況に応じて訪問サービス、泊まりサービスを提供する

事業所に通うことはできないためです。

　小規模多機能型居宅介護は今後の地域包括ケアシステムの中核的な拠点のひとつとして期待されており、国は事業所のさらなる参入を促す予定です。また、経営の安定性の確保・サービスの質の向上を図るため、平成26年度の介護保険法改正で、小規模型通所介護事業所（前年度１月当たり平均利用延人数が300人以内の事業所）の一部が小規模多機能型居宅介護のサテライト型事業所として移行されました。

■複合型サービス

　複合型サービスとは、１つの事業所が複数の在宅サービスを組み合わせて提供するサービスのことです。中重度の要介護者が、できるだけ長く在宅での生活を維持できるよう、平成24年度に創設されました。中重度の要介護者は、医療的ニーズが高まることから、現在は「通い」「訪問」「泊まり」のサービスを一体的に提供する小規模多機能型居宅介護と、訪問看護を組み合わせる形での複合型サービスの事業所が認められています。訪問看護が組み込まれることで、ガン末期患者や退院直後で病状が安定しない人でも、在宅生活を選択できる可能性が高くなります。

　複合型サービスのサービス対象は要介護者です。利用に際しては、まず利用者は複合型サービスの事業所に登録することになります。登録の定員は25名以下と定められており、職員として保健師や看護師、介護支援専門員などが従事します。複合型サービスを行う事業者は、原則として、事業所ごとに専らその職務に従事する常勤の管理者を置かなければなりません。

　小規模多機能型居宅介護の場合、サービス提供の対象者は登録者だけですが、複合サービス事業所の場合、訪問看護については、「指定訪問看護事業所」の指定を持っていれば、登録者以外の利用者にもサービスを提供することができます。

10 福祉用具のレンタルや購入補助について知っておこう

要件に該当する要介護・要支援者がレンタル対象である

■■ 福祉用具を借りることができる

　要介護・要支援の認定を受けている人のうち一定の条件にあてはまる人は、福祉用具を借りることができます。要介護の人は、日常生活をしやすくしたり、機能訓練を行って日常生活の自立をめざす上での補助として、福祉用具を借りることができます。

　要支援者も用具を借りることができます。要介護者や要支援者が借りることのできる福祉用具は、車椅子、車椅子付属品、特殊寝台、特殊寝台付属品、褥瘡予防用具、体位変換器、手すり、スロープ、歩行器、歩行補助つえ、徘徊感知器、移動用リフトなどです。

　ただ、要介護1と要支援1・2の人が用具を借りる場合、表中①～⑥、⑪、⑫の用具の貸出しについては、介護の程度が厚生労働大臣の定める一定の状態にあること、または医師の意見に基づいた判断、市町村が認めた場合なども利用可能です。表（次ページ）の⑬自動排泄処理装置を借りることができるのは、原則として要介護4・5の人となります。

■■ 福祉用具の購入補助

　用具の性質上、貸与するより購入した方がよいものもあります。

　誰かの使用後に別の誰かが使用するのは難しいような用具や、たとえば体格の差などの個人差によって、万人が使うことができないような用具です。

　介護保険制度では、購入した方がよい福祉用具を特定福祉用具と定めて、用具を貸し出す代わりに、その用具の購入金額を補助していま

す。購入の補助は、要介護者・要支援者が先に福祉用具を自分で購入し、後からその金額を支給する方法がとられています。

　補助が受けられる特定福祉用具は、腰掛便座、特殊尿器、入浴補助用具、簡易浴槽、移動用リフトのつり具の部分です。特定福祉用具の購入費の支給上限は、年間10万円までとなっています。

■ 福祉用具と特定福祉用具

福祉用具

①**車椅子**
自走用標準型椅子・普通型電動車椅子・介助用標準型車椅子など

②**車椅子付属品**
クッション・電動補助装置など

③**特殊寝台**
介護用のベッドのことで、サイドレールが取りつけられているか取りつけ可能なもの

④**特殊寝台付属品**
手すり・テーブル・スライディングボード・スライディングマットなど

⑤**褥瘡（じょくそう）予防用具**
床ずれ防止用具のことで、送風装置・空気圧調整装置を備えた空気マットなど

⑥**体位変換器**
空気パッドなどを体の下に差し入れて体位変換をしやすくできる機能を持っているもの。体位を保持する目的しかないものは不可

⑦**手すり**
工事をせずに取りつけられるもの

⑧**スロープ**
段差解消目的のもので工事をせずに取りつけられるもの

⑨**歩行器**
二輪・三輪・四輪→体の前と左右を囲む取っ手などがついているもの。
四脚→腕で持ち続けて移動できるもの

⑩**歩行補助杖**
松葉杖・カナディアンクラッチ・ロフストランドクラッチ・多点杖など

⑪**徘徊感知器**
認知症用の徘徊センサーなどのことで、認知症の人が屋外に出ようとした時などに家族などに知らせる機器

⑫**移動用リフト**
段差解消器・風呂用のリフトなどのことで、つり具の部分は含まない。つり具は特定福祉用具となる

⑬**自動排泄処理装置**
排便などを自動的に吸収し、排便などの経路となる部分を分割することができるもの（交換可能部品を除く）

特定福祉用具

■**腰掛便座**
和式便器→上に置いて腰掛式にできるもの
洋式便器→上に置いて高さを調節するもの
便座から立ち上がるときに補助できる機能を持つもので電動式・スプリング式のもの
便座やバケツなど、移動できる便器など

■**特殊尿器（自動排泄処理装置の交換可能部分）**
排便などの経路となるもので簡単に交換できるもの

■**入浴補助用具**
シャワー椅子・入浴用の椅子・浴槽用の手すり・浴槽内で使う椅子・浴槽の縁にかけて使う入浴台・浴室内のスノコ・浴槽内のスノコなど

■**簡易浴槽**
取水や排水のための工事を必要としない簡易的な浴槽のことで、空気式や折りたたみ式など、簡単に移動できるもの

■**移動用リフトのつり具の部分**
風呂用のリフトのつり具も含まれる・移動用リフト自体は福祉用具として貸与の対象となる

11 介護のためのバリアフリーについて知っておこう

要支援・要介護共に、20万円までの補助を受けられる

■ バリアフリー化のための住宅改修工事ができる

　介護の必要上、住宅を改修したような場合に、費用の補助が受けられることがあります。費用の補助は、要支援でも要介護でも受けることができます。住宅改修の補助を受けるには、市区町村に対して事前に申請書を提出しなければなりません。支給基準限度額は要支援・要介護にかかわらず、定額の20万円までとなっています。

　具体的な改修例として、階段などに手すりをとりつける工事や、段差を解消する工事があります。手すりの設置と段差を解消する工事は、実際に行われている工事の大部分を占めています。住宅改修工事を行う際に付随して必要となる工事費についても、限度額の範囲内で支給の対象になります。

■ 住宅改修サービスの例

手すりの取りつけ	お風呂・トイレ・部屋・廊下・玄関
滑り防止・床材変更の工事	お風呂の滑り止め・玄関や廊下の床・和室の畳をフローリングに変える
段差解消	部屋と廊下の段差・廊下と玄関の段差・玄関の段差・廊下とトイレの段差・お風呂の出入り口の段差・浴室内の床上げ
ドアの取替え	トイレのドアを引き戸にする 部屋のドアを引き戸・折れ戸・アコーディオンカーテンにする
その他	廊下を車椅子が通れる幅にする 踏み台やスロープを設置する 和式トイレを洋式トイレに変更する

■■ 住宅改修工事の流れ

住宅改修は次のような流れで行われます。

① **介護支援専門員（ケアマネジャー）に相談する**

地域の在宅介護支援センターやふだん利用しているヘルパー事業所などで住宅改修についての相談をします。

② **保険者に対し、改修前の申請を行う**

申請書の他、住宅改修が必要な理由を記載した理由書や工事費の見積書などを提出します。

③ **改修工事の実施**

計画に沿った内容で住宅改修工事が着工、実施されます。

④ **正式な支給申請**

工事終了後に領収書や工事の完成後の状態を確認できる写真などの資料を提出します。

⑤ **保険者による確認・住宅改修費の支給**

②の書類と④の書類を確認し、必要と認められた工事に関して改修費が支給されます。

■ 住宅改修の手続きの流れとケアマネジャーの関わり

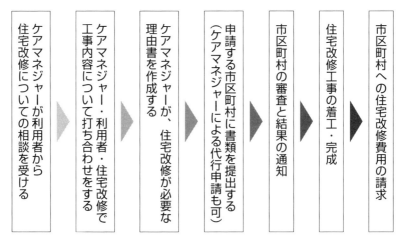

12 介護サービスを利用した時の利用料について知っておこう

介護保険サービスには支給限度額が設けられている

■在宅サービスについては支給限度額が定められている

　介護給付を受けるために認定を受けた利用者は、その認定の度合いによって受けられる給付額が異なります。このように、介護保険で利用できるサービスの費用の上限を区分ごとに定めたものを**支給限度額**といいます（月額）。支給限度額内で在宅サービスを利用した場合には、その費用の一部を利用者本人が負担します。

　介護サービスについては、１か月あたりの支給限度額（利用限度額）が定められています。

　在宅サービスについては、利用できるサービスの量が要介護度別に定められており、利用者本人が原則として利用料の１割を負担します（支給限度額、93ページ）。支給限度額を超えて利用した場合には、その超えた金額は全額自己負担になります。この支給限度額は、国が算定したものですが、各市区町村は独自に限度額を引き上げることができます。この場合、第１号被保険者の保険料が財源として使われます。

　一方、施設サービスについては、在宅サービスのような支給限度額は設定されていません。ただし、サービスの利用者は費用の一部を負担することから、介護報酬をもとにして施設サービスを利用したときにかかる費用の目安を割り出すことができます。

　なお、生活保護者や年間収入が低額の者、または資産がない者、家族に扶養されていない者などの「低所得者」の場合は、市区町村に申請することで社会福祉法人のサービスを利用することが可能になり、一部負担金を軽減することができます。ただし、介護保険料の滞納がないなどの一定要件を満たすことが必要です。

■■ 一定所得以上の者は自己負担割合が２割になる

　介護保険制度が始まって以来、介護給付費・介護予防サービス費の利用者負担は、ずっと一律で１割負担でした。

　しかし、2015（平成27）年８月から、この負担割合が変更され、相対的に負担能力のある、所得が一定以上の人の自己負担割合が、１割から２割に上がりました。対象者は被保険者の上位20％にあたる合計所得が160万円以上（単身で年金収入のみの場合、280万円以上）の人です。

　しかし、被保険者の上位20％の中に占める要介護者の割合が低いため、実際にこの変更の影響を受ける人は、それほど多くはありません。

　在宅サービス利用者のうち15％程度、特別養護老人ホーム入所者のうち５％程度と予想されています。また、利用者負担には月額上限があるため、対象者の全員が２倍になるわけではありません。

　この変更の背景にあるのは、団塊の世代の高齢化です。今後、介護費がさらに膨らむ事が予想されるため、それに対応するために利用者負担を増やす必要があります。保険料の上昇を抑え、介護保険制度をできる限り持続させるためには、さらなる負担増や給付効率化が必要という声も上がっています。

■■ 施設サービスを利用したときの食費や居住費用の扱い

　施設サービス利用者のホテルコストは、保険でまかなわれていたこともありました。しかし、在宅での介護には光熱費や家賃など自己負担ですが、施設利用者が払っているのは、要介護度に応じた１割の自己負担と毎日の食事代程度でした。この不公平をなくすため、現在は自己負担が原則となっています。**ホテルコスト**とは、施設を利用する際に生じる食費や居住費用のことです。

　施設サービス利用者のホテルコストは、施設側が利用者に対して請求することになりますが、施設間で大きな差が生じないように工夫さ

れています。たとえば食費については、その平均的な金額を計算した基準額が設定されています。

部屋代については、個室であるかどうかといった段階的な基準によって異なる基準額が設定されています。

ホテルコストの自己負担は低所得者にとって負担となるため、それを軽減するための**補足給付**という制度があります。これは、入居者が市町村民税非課税世帯である場合に、申請によりホテルコストの負担額を軽減する制度です。補足給付の額は利用者負担の各段階によって異なっています（食費・居住費の自己負担限度額については215ページの表参照）。

■ 在宅サービスの利用料の自己負担額・目安

要支援度・要介護度の区分	在宅サービスの支給限度額（月額）	支給限度額まで利用した場合の自己負担額（月額）	一定以上の所得者の自己負担額（月額）
要支援1	50,030円	5,003円	10,006円
要支援2	104,730円	10,473円	20,946円
要介護1	166,920円	16,692円	33,384円
要介護2	196,160円	19,616円	39,232円
要介護3	269,310円	26,931円	53,862円
要介護4	308,060円	30,806円	61,612円
要介護5	360,650円	36,065円	72,130円

※支給限度額・自己負担額の数値は平成28年度の金額

■ 施設サービスの利用料の自己負担額・目安

	要介護1	要介護2	要介護3	要介護4	要介護5
介護老人福祉施設（従来型個室）	580円	651円	723円	794円	863円
介護老人保健施設（Ⅰ）（従来型個室）	716円	763円	826円	879円	932円
介護療養型医療施設（Ⅰ）（従来型個室）	676円	785円	1,020円	1,120円	1,210円

※ 厚生労働省「介護報酬の算定構造」（平成26年度介護報酬改定）を基にして掲載
　 表中の金額は該当施設を1日利用した場合の利用者の自己負担額の目安
　 施設サービスの種類により、かかる費用は異なってくる

しかし、補足給付の対象となる利用者が多額の預貯金を持っているなど、不公平なケースもあります。このような問題をなくすため、今後見直しが行われる予定です。見直しが実施された場合、次のケースに当てはまる利用者は、補足給付の対象外とされる可能性があります。
・一定額超の預貯金などがある場合（単身で1000万円超、夫婦世帯で2000万円超程度）
・配偶者が課税されている場合（施設入所による世帯分離後も勘案）
・遺族年金や障害年金等の非課税年金を受け取っている場合

■ 高額介護サービス費とは

　在宅サービスや施設サービスの利用料の自己負担額が高額になった場合には、高額介護サービス費として、市区町村から払戻しを受けることができます。高額介護サービス費として市区町村から払戻しを受ける基準となる自己負担額の上限（月額）は、以下のように、利用者の世帯の所得状況によって段階的に設定されています。

`第1段階`（生活保護受給者、世帯全員が住民税非課税でかつ老齢福祉年金受給者）：１万5000円（個人の場合）

`第2段階`（世帯全員が住民税非課税でかつ課税年金収入額と合計所得金額の合計が80万円以下）：１万5000円（個人の場合）

`第3段階`（世帯全員が住民税非課税で利用者負担第２段階に該当しない場合）：世帯で２万4600円

`第4段階`（世帯内のいずれかが住民税課税対象の場合）：世帯で３万7200円

`第5段階`（現役並み所得に相当する者がいる世帯）：世帯で４万4400円

　なお、同一世帯に複数の利用者がいる場合には、その複数の利用者の自己負担額を合計した金額が上限額として計算されます。

　高額介護サービス費の払戻しを受けるためには、毎月払戻しのための申請を行う必要があります。

13 介護認定のしくみについて知っておこう

本人または家族が申請し、結果に対する不服申立てもできる

■■ 介護認定審査会と介護保険審査会はどんな組織なのか

　介護認定審査会は、市区町村が設置するもので、3、4人の委員で構成されています。介護認定審査会の主な業務は、要介護度認定の審査や要介護1相当の人を要支援・要介護に振り分けることです。審査は、訪問調査で作成された認定調査票と申請者の主治医が作成した意見書を基に行います。審査では、1次判定の結果の妥当性を検討し、最終的に変更するかどうかを決定します。

　一方、介護保険審査会は、都道府県が設置するもので、被保険者代表、市区町村代表、公益代表の委員がそれぞれ3人以上集まって構成されています。介護保険審査会の業務は、要介護度の判定などについてなされる不服申立てについて、その内容を審査し、結論を決めることです（次ページ図参照）。

■■ 介護保険の利用と申請手続き

　介護保険を利用する場合には、申請をしなければなりません。申請時に提出する申請書類には、申請者の主治医を記入する項目があります。この主治医は、被保険者の状況について記載した意見書を提出することになります。

　申請から認定までの流れは図（97ページ）の通りです。

　要介護認定の申請を行うときには、第1号被保険者は手元にある被保険者証を添えて申請書を提出する必要があります。第2号被保険者は手元に被保険者証がありませんから、申請書だけを提出します。申請は、本人や家族の他、近くの居宅介護支援事業者（ケアプラン作成

事業者）や、地域包括支援センター、成年後見人、介護保険施設などにも依頼できます。

必要事項を書いた申請書を提出してから30日以内に、訪問調査、主治医の意見書の提出、1次判定、2次判定という手続きを経て、最終的な要介護認定が行われます。

■■ 誰が申請できるのか

要介護認定の申請は、市区町村などの介護保険制度を担当する窓口に対して行いますが、原則として本人が行わなければなりません。

本人が申請できない状態の場合には、家族が申請することができます。申請を行うことができる人は、本人と家族以外にもいます。たとえば、民生委員（福祉サービスを支援する者）や成年後見人が本人の代わりに行うこともできます。また、地域包括支援センターも本人に変わって申請することができます。サービスを提供する事業者では、指定居宅介護支援事業者や介護保険施設も代行可能です。

■ 介護認定審査会と介護保険審査会の役割

	介護認定審査会	介護保険審査会
所属	市区町村	都道府県
委員の人数	標準3～4（5）人 （条例で定めあり）	被保険者代表者3人以上 市区町村代表者3人以上 公益の代表者3人以上で構成
委員の任期	2年	3年
業務内容	第2号被保険者がかかっている特定疾病の確認 1次判定の妥当性の審査と変更するかどうかの決定 要介護1相当と判定された申請者の振り分け 認定の有効期間の決定 介護認定審査会の「意見」を与えること	要介護認定の結果に対する不服申立てへの対応 介護給付や予防給付に関する不服申立てへの対応 介護保険料の徴収に関する不服申立てへの対応 保険料の滞納者への処分に対する不服申立てへの対応

■■ 申請から認定までにかかる期間

　要介護認定の申請をしてから認定されるまでの期間は30日以内とされています。更新の場合には、有効期間が切れる60日前から更新申請をすることができます。更新の時期が来ると、市区町村から更新申請の用紙が送付されるので、この用紙を更新時に提出します。

　なお、介護保険の給付サービスを受けることができるのは、申請した日からです。ただ、認定結果が予想していた度合より軽い場合や非該当となった場合には、その部分についての支払は自己負担になるので注意が必要です。非該当の場合はそもそも介護保険の対象外ですから、全額を負担しなければなりません。

■ 介護サービスを受けるまでの手続き

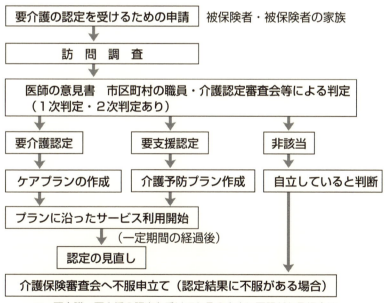

14 ケアマネジメント・ケアプランについて知っておこう

課題を分析してケアプランを作成する

■ ケアプランはどのように作成するのか

　ケアプラン作成サービスの担い手は**ケアマネジャー**です。ケアプランの作成には、専門的な知識が必要です。このため、ケアマネジャーは専門家としてケアプランに対するアドバイスを行います。ケアプランの作成を担う事業者を指定居宅介護支援事業者といい、事業者リストは市区町村の窓口に設置されています。

　なお、自身でケアプランを作成する場合は支給限度基準額の範囲内にサービスを抑える必要があります。作成時の注意点は、サービス利用料が償還払い方式であることです。償還払いとは、サービス事業者や施設に費用の全額を支払い、後で保険者より費用の全部または一部の払戻しを受けることで、利用時に支払った金額の領収書が必要です。

　要支援・要介護認定を受けた人の手続きは、①アセスメント（ケアプランを作成する際に行う課題分析）、②ケアプラン作成、③プランに沿ったサービス利用、④再アセスメント、といった流れになります。

　特に、要介護認定を受けた場合に受ける通所型のケアプランは、主に要介護者自身が施設に出向き、サービス提供を受ける流れで作成します。また、訪問型の場合は、主に要介護者の自宅に事業者が出向いてサービスを提供する流れ、医療型の場合は、医療サービスを受ける必要性の高い人が利用する流れで作成します。

　また、施設に入所する場合には、入所先の施設がケアプランを作成します。これは**施設サービス計画**とも呼ばれ、自分で作成することはできず、施設に所属するケアマネジャーが作成します。施設サービスの目的は、原則として要介護者の自宅への復帰であるため、各要介護

者に適したケアプランを作成の上、施設のスタッフがチームを組んで目標達成に向けてサービスの提供を行います。

■ ケアプラン作成からサービス利用まで

```
          要介護・要支援認定
                ↓
        要介護状態区分別の認定通知
                ↓
            ケアプランについて
           ↙              ↘
   ケアプランの作成を依頼する    ケアプランの作成を依頼しない
                                    ↓
                              自分でケアプランを作成する
                                    ↓ 届出
                              市区町村の窓口
```

- ケアプランの作成を依頼する
  - 要支援者 → 予防給付ケアプラン作成依頼 → 地域包括支援センター
  - 要介護者
    - 在宅サービス利用予定者 → 居宅サービス計画作成依頼 → 指定居宅介護支援事業者
    - 施設サービス利用予定者 → 施設介護サービス計画の作成依頼 → 入所先の施設（ケアマネジャー）

↓

アセスメント
（要支援者・要介護者の健康状態や日常生活の状況・家族環境などの把握・課題分析）

↓

意見交換
（事業者・要支援者・要介護者・本人の家族）

↓

ケアプラン作成

↓

利用者の承諾

↓

プランに沿ったサービスの提供

↓

再アセスメント

↓

ケアプラン作成

⋮

15 契約締結上の注意点をおさえておこう

サービスの内容や料金などについて確認する

■■ 重要事項説明書の内容を確認する

　介護サービスを利用するには、要支援者や要介護者とサービスを提供する事業者との間で契約を結ぶ必要があります。こうしたことから、事業者側は**重要事項**についての規程を定めることが義務付けられています。

　重要事項とは、事業の目的や運営方針、スタッフの職種・職務内容・配置人数、サービス内容、利用料金や費用、営業日と営業時間、サービスを提供する地域、緊急時や事故発生時の対応方法などです。

　また、事業者は、契約に先立って重要事項説明書を利用申込者に渡した上で説明することが義務付けられています。重要事項説明書には、重要事項を定めた運営規程の概要、スタッフの勤務体制、サービス選択時に有効な情報などが記載されています。

　特にサービス内容に関する事柄と料金や費用については、しっかりと確認するようにしましょう。利用者負担金について、金額と内容が明らかにされているかどうか、利用料金や費用の金額、支払方法、キャンセル料についても確認します。また、解約や更新についてもチェックが必要です。

　サービスが契約と異なる内容の場合には、まずその事業所が設置している窓口に対して苦情を申し入れるようにします。事業者には、利用者からの苦情に迅速かつ適切に対応するために必要な措置をとること、また苦情の内容と事故などが発生した場合にはその状況と対応策を記録することが求められています。苦情を申し入れる際には、具体的にどのような点が契約と異なっているのかを明らかにし、改善を求

めるようにしましょう。

■ 公表されている介護サービス情報を活用する

　介護サービス情報の公表制度とは、利用者やその家族が、介護サービスや事業所・施設を比較・検討し、各個人に適したサービスを選ぶことができるよう、都道府県が一定の情報を提供する制度のことです。

　介護サービス情報は、インターネット上の**介護サービス情報公開システム**を使用することで、いつでも誰でも閲覧することが可能です。また、検索機能や画面表示についての工夫、公表情報の充実など、事業者の負担を軽減し、利用者にとってわかりやすい公表システムにするための見直しが適宜行われています。

　ただし、公表されている情報を調べてみたとしても、実際にどのサービスを選択するのが適切であるのか、判断に悩むことも多いでしょう。そのような場合には、まずは担当のケアマネジャーに相談してみるのがよい方法だといえます。ケアマネジャーは各サービス事業所の特徴をよく把握していますので、どうすれば利用者や家族の要望を実現できるのか、アドバイスを求めてみるとよいでしょう。

■ 苦情を申し立てる場合にはどうすればよいのか

　実際に苦情を申し立てる場合、まずは、不満点や契約と異なる内容などについての現状を把握し、自分が事業者に求める内容を明確にします。その上で、サービスを提供する事業者に対して苦情を申し立てます。苦情を受けた事業者の改善策が功を奏した場合には、この段階で解決する場合があります。解決しなかった場合には、市区町村の窓口に申し出ます。

　申し出を受けた市区町村は、該当する事業者に対して、指導したり助言を与えるといった対応をとります。また、苦情があったことは、市区町村から国民健康保険団体連合会（通称国保連）に報告されます。

16 民間の介護保険の活用も検討する

介護は思った以上にお金がかかる

■■ 介護費用保険とは

　介護費用保険は、被保険者が加齢によって一人で生活できなくなり、介護が必要になったときに、その費用を補てんするための保険です。公的介護保険のサービスの対象は、65歳以上の要支援・要介護状態の人、及び40歳以上で脳卒中などにより要支援・要介護状態になった人に限られていますし、公的介護保険では、金銭を受給することはできません。

　ヘルパーが来られない時間帯に別に住んでいる家族が行くという場合、交通費などがかかりますし、その時間帯、家族は働くことができませんから収入も減ります。介護保険の対象となる介護サービスでは不十分だったり、満足できないという場合には、全額自己負担で介護保険の使えない介護サービスを受けなければなりません。寝たきりや認知症など、症状が重くなればオムツなどの介護用品の使用量も増えますし、場合によっては引っ越しや住宅改修などの必要性も出てきます。介護費用保険に加入すると、このような介護保険だけでは賄えない費用を補てんすることができるわけです。

■■ 保険会社によって商品もさまざま

　介護費用保険は販売する保険会社によって内容が違います。具体的には、次のような保険金支給の種類があり、単独で扱う商品もあれば、これらを組み合わせている商品もあります。

① 年金型

　要介護状態になったと認定された場合に、月々いくらという形で保

険金が支払われます。

② **一時金型**

要介護状態になったと認定された場合や、要介護状態から回復した場合など、所定の状態になると一時金を受け取ることができます。

③ **実費補てん型**

介護サービスの利用にかかった費用や住宅改修費用、介護用品の購入にかかった費用など、実際にかかった費用を受け取ることができます（限度額あり）。なお、介護費用保険の場合、「要介護状態」の認定が保険会社によって異なります。保険の給付が始まるのは、通常180日程度要介護状態が続いた後のことになります。中には、公的介護保険の要介護認定とは別に独自の基準を定めているところもありますので、注意してください。

■ **民間の介護保険への加入**

【公的介護保険】
① サービスの対象は、
・65歳以上の要支援・要介護状態の人
・40歳以上で脳卒中などにより要支援・要介護状態になった人に限られる
② 公的介護保険では、金銭を受給できるわけではない

↓

十分な保障を受けることができないため、民間の医療保険に加入

↓

生命保険の介護保障保険や損害保険の介護費用保険の活用

Column

介護休業や介護休暇制度を上手に活用する

　仕事を続けながら親を介護することが難しいケースもあります。そのような場合に活用できるのが育児・介護休業法の介護休業と介護休暇です。

　介護休業は、ケガや病気、加齢などの事情で2週間以上要介護状態にある対象家族を介護する労働者が取得できます。対象家族は、配偶者または事実婚関係者、父母および子、養父母、養子、配偶者の父母、労働者が同居し扶養している祖父母、兄弟姉妹および孫です。事業主には休業期間中の賃金支払義務はありませんが、申し出を受けた場合は原則として拒否や期間の変更ができず、介護休業の取得を理由とした不利益な扱いをすることも禁じられています。

　介護休業の申し出は、対象家族1人につき、要介護状態に至るごとに93日まで3回を限度とする分割取得ができます。ただし、同じ対象家族でも別要素で要介護認定を受けた場合は再取得が可能です。いったん介護休業を申し出た場合でも、介護休業開始予定日の前日までは休業の申し出を撤回することができます。撤回後の取扱いは、最初の1回は同じ対象家族についての介護休業の申し出が可能な一方、再度撤回した上での申し出の場合は、事業主に拒否する権限が認められています。また、終了予定日の繰下げも1回のみ認められています。一方、介護休暇は、1年度につき要介護状態の対象家族が1人であれば5日間、2人以上であれば10日間、半日単位で取得できます。介護休業は取得回数が限られており、長期間の介護が必要な場合に限定されがちですが、介護休暇であればヘルパーが急用の場合など、短期間の介護が必要な場合にも休暇を取得することができます。介護休暇を取得できるのは、要介護状態にある対象家族を介護もしくは世話する労働者です。「世話」には、通院の付き添いや対象家族が受ける介護サービスに必要な手続きの代行などが含まれます。

第3章
施設への入所を検討する

1 どんな施設や住まいがあるのか

要介護者のみが利用できる3種類の介護保険施設がある

■■ 高齢者の住まいにもさまざまな種類がある

　高齢になってくると、「わずかな段差でつまずく」「重いものが持てない」「掃除や料理などの日常的な作業が辛くておっくうになる」などとの状態に陥ることがあります。また、高齢者をねらう悪質な業者もおり、住みなれた場所で安全な日常生活を送ることが困難になるケースも少なくありません。高齢者人口の増加に伴い、さまざまな種類の高齢者向けの施設・住宅が数多く建てられています。

　ただ、「高齢者向け」といっても、どこも同じ内容ではありません。親に介護施設や高齢者向け住居に入ってもらうことを検討する必要が生じた際には、まずその種類や特徴、入居条件などを知っておくことが非常に大切です。

■■ 老人ホームの分類

　老人ホームとは、身体・精神上の障害がある場合や、家庭環境・経済上の理由で居宅での生活が困難な場合などに高齢者を入所させ、世話をする施設の総称です。

　老人ホームには、公的な施設と民間で運営する施設に分類されます。公的な施設には、介護施設や養護施設があります。国の医療制度である介護保険や老人福祉制度によって運営がなされているため、比較的少ない自己負担で利用することができます。

　民間で運営する施設には有料老人ホームが挙げられますが、運営の主体はそれぞれ民間の団体となるため、施設によって提供するサービス内容が異なります。また、費用も公的な施設に比べて割高なケース

が多く見られます。

■ 介護施設とは

介護保険施設は、在宅で介護を受けることができない状態（常時介護を要する場合・機能訓練などを受ける必要がある場合）に受けることができるサービスです。サービスを利用する場合、利用者の状況や環境を考慮した上で、適切な施設を選ぶ必要があります。ただし、利用可能となるのは要介護者のみで、要支援者は利用できません。

介護施設には、特別養護老人ホームや介護老人保健施設、介護療養型老人保健施設、グループホームなどが挙げられます。

特別養護老人ホームは「とくよう」ともいい、主に重度の介護を要する高齢者が入所します。

介護老人保健施設は「ろうけん」とも呼ばれ、要介護状態で在宅での居住をめざしたリハビリを中心に行う施設です。

また、介護療養型老人保健施設は「療養型ろうけん」ともいい、その名の通り医療のサービス充実をめざした施設です。さらに、グループホームは、認知症を診断された高齢者が共同で生活する施設で、認知症を専門としたスタッフが充実しているという特徴があります。

■ 養護施設とは

養護施設とは、生活に不安を抱えている高齢者が入所する施設で、軽費老人ホーム、養護老人ホームがあります。**軽費老人ホーム**には、食事付であるA型、食事なしのB型、さらにケアハウスとも呼ばれるC型があります。

ケアハウスは個室に対応しており、車いすを使う高齢者も入所することができる施設です。高齢者向けの食事も提供される利点がありますが、家賃が必要となるため、A型、B型の軽費老人ホームと比べて費用が高額となるケースも見られます。また、**養護老人ホーム**は自宅

での生活が難しい高齢者を養護する施設のことです。

■■ 有料老人ホームとは

有料老人ホームには、健康型、住宅型、介護型などの種類があります。

健康型とは主に介護の必要のない高齢者が入所する施設で、介護を要することになった場合は退去しなければならないケースがあります。住宅型とは必要に応じた介護サービスを選ぶことができる入居施設のことです。住宅型によっては、介護支援を併設している場合や外部へ介護サービスを委託する場合など、提供の方法はさまざまです。

一方、介護型は介護保険の対象となる介護サービスを受けることができる「特定施設入居者生活介護」の指定を受けた施設のことです。

■■ 高齢者向けの住宅にはどんなものがあるのか

特別養護老人ホームなどの介護施設や有料老人ホーム以外にも、高齢者の入居を想定したさまざまな住宅があります。サービス付き高齢者向け住宅、シルバーハウジング、グループリビング（グループハウス）などがその例です。

サービス付き高齢者向け住宅とは、介護・医療と連携して高齢者を支援するサービスの提供が行われる住宅で、比較的程度の軽い介護者や自立することができる高齢者の受入れを行っています。

また、**シルバーハウジング**とは、高齢者向けにバリアフリー設備を設けている公営の住宅のことで、ライフサポートアドバイザーによる生活相談を受けることができるという特徴があります。

そして、**グループリビング**（グループハウス）とは、高齢者が自発的に仲間を作って、同じ家でお互いに助け合って生活する暮らし方をいいます。介護が必要となる認知症の高齢者を対象としていない点が、似たような名称であるグループホームとは異なります。グループリビングには、食事の用意や掃除などを分担し、共同による合理的な生活

様式を採用して、高齢者の自立を支援する目的があります。

■■ 高齢者の住居問題

　高齢な親の住居にまつわる問題には、親が今まで住んでいた住居から退居しなければならなくなったとき、民間の賃貸住宅を探しても貸主に敬遠され、次の居住地が見つからないという問題も挙げられます。

　貸主が高齢者に貸し渋る背景には、家賃の未払い問題や介護が必要となった場合の対応などの懸念があることが予想されます。また親自身が高額となる家賃や設備面の不安から問題から家を決められない場合もあります。このような場合に直面した場合、まずは親の生活能力や体力、経済力から総合的に判断していくことになります。親が自立して生活することに不安を感じる場合は、老人ホームや高齢者向けの住宅などへの入居を検討していきます。

　また、経済的な問題が強い場合は、シルバーハウジングなどの高齢者向け公営住宅なども選択肢に入れるとよいでしょう。

　一方、介護が必要となる場合は、状況に応じた介護サービスを受けることができる施設への入所を考えていくことになります。

■ 高齢者向けの住宅・施設の種類

住宅
有料老人ホーム、高齢者ケア対応型マンション、
サービスつき高齢者向け住宅、グループリビング、シニア住宅、
シルバーハウジング、ケア付き高齢者住宅

福祉施設
生活支援ハウス、ケアハウス、軽費老人ホーム、
特別養護老人ホーム、養護老人ホーム、
認知症高齢者グループホーム

医療施設
介護老人保健施設、
介護療養型医療施設

2 入所・入居するとどのぐらいの費用がかかるのか

施設の形態やサービス内容に応じて異なる

■ 施設や高齢者住居の種類の違いによってかかる費用も異なる

　親の介護施設への入所を検討する場合、注視する内容のひとつに、金銭面があります。もちろんお値打ちな施設の方がよいに越したことはありませんが、安いからといってサービス内容が不十分な施設を選択してしまうと、何らかの不都合が生じます。親の年金で賄えるのか、自身が負担するのか、という点においても、費用の面が非常に重要だといえるでしょう。

　実際に施設へ入所もしくは入居した場合の費用には、種類に応じて差があることが現状です。一般的には、やはり公的な施設の方が民間の施設に比べて安価です。介護を要する親である場合は、介護の費用負担が軽いとされる特別養護老人ホームや介護老人保健施設、介護療養型医療施設などを選択する方法が効果的です。これらは介護保険を活用することができるため費用負担を抑えることができますが、介護老人保健施設は在宅生活を目標とするための施設であるため、入所の期間が定められていることに注意しなければなりません。

　また、認知症を患っている場合は、認知症の高齢者を対象とするグループホームも安価とされていますが、身体状況によっては入所できなくなるケースも生じます。

　一方、民間が運営する有料老人ホームの場合は、公共の施設に比べて月額費用が高額となる場合が多くあります。運営主体によって、金額に幅があることが特徴です。そのうち、介護型の場合は介護保険を使うことができるため、比較的費用を抑えることが可能な施設だといえますが、住宅型を選択し、その後介護が必要になった場合は、介護

サービスを委託しなければならないため、高額になります。

また、介護の必要がない場合は公営のシルバーハウジングなどを選択すると費用を抑えることができますが、所得制限が設けられている場合があるため注意が必要です。一方、民間が運営するシニア対象のマンションは、シルバーハウジングと比較すると高額です。

■ どんな費用がかかるのか

介護施設を利用する場合にかかる費用は、その施設のタイプに応じてさまざまです。たとえば、公的な施設である介護保険施設やグループホーム、民間施設である介護型有料老人ホームなどは、介護サービスが充実した施設となっています。これらの施設の場合、常駐するスタッフによる介護支援を受けることができるため、利用料は定額で定められている場合が多くあります。介護支援の他、食事や健康管理、生活に関する相談など、介護を必要とする高齢者が必要とする介助を

■ 入所・入居するとかかる費用の内訳

介護保険施設	介護サービス費用 （1割負担）			
	生活費 （全額自己負担）	居住費 （家賃・ガス・水道光熱費）	食費	生活費 （電話・雑誌代・レク費用）
有料老人ホーム	入居一時金 （償却方法異なる） ＋ 月額費用			
	介護サービス費用 （1割負担）			
	生活費 （全額自己負担）	居住費 （家賃・ガス・水道光熱費）	食費	生活費 （電話・雑誌代・レク費用）

定額で受けることができます。

　ただし、介護保険制度には支給限度額が定められているため、その限度額を超えた支援や、そもそも介護保険が適用されない支援を受けた場合は、定額部分とは別に負担料がかかるため、注意が必要です。

　また、自立した高齢者が入居するケースが多いとされる住宅型の有料老人ホームや特定施設を除いたサービス付きの高齢者住宅やケアハウス、シルバーハウジングなどは、利用する高齢者が必要とするサービスを個々で契約することになります。サービスは主に外部の介護保険事業者から受けることになるため、内容に応じて費用が異なります。

　どの介護施設においてもいえることは、質の高いサービスにはそれなりの利用料が生じるということです。また、要介護認定が重くなることに比例して、介護サービスにかかる費用も増加します。介護施設を選択する場合、受けることのできるサービス内容と費用をあわせて検討することが非常に重要となります。

■ 経済的な負担の少ないのは介護保険施設

　介護保険施設は、介護保険が適用される公的な施設であるため、他の施設に比べて安価で利用することができます。そのため、どの介護施設も人気が高く、希望すればすぐに入所できるという状況ではないことが現状です。

　原則としては、いずれの介護施設についても介護認定を受けていれば（要介護1以上）入所の申込みを行うことが可能ですが、特に人気が高いとされる特別養護老人ホームなどは、自宅で面倒を見ることが困難な者が入所する施設であることから、要介護3に満たない高齢者が入所することは困難だといえます。

　一方、介護老人保健施設の場合は自宅での生活を目標とした施設で、機能訓練に特化したスタッフが常駐していることから、特別養護老人ホームに比べて費用が高額となります。入所期間にも定めがあるため、

終身で入所し続けることはできません。

　また、介護療養型医療施設は医療に特化した施設であることから、特別養護老人ホームと比較すると医療費の割合が高くなることが多くあります。

　いずれの保険施設においても、生活するにあたり必要な最低ラインとなる家賃や食費、光熱費、日常生活費、管理費などを月々の利用料として支払う方法をとります。利用料は、利用者である親自身や子などが扶養している場合は扶養者の経済力、親の介護度合いなどの生活能力、希望する部屋などに応じて異なります。また、施設のスタッフの内容によっても差が生じます。

■■ 有料老人ホームや高齢者住宅ではどのぐらい費用がかかるのか

　民間の施設である有料老人ホームの場合、入居の際には一時金が必要です。この一時金は、対象とする有料老人ホームへ入居するための

■ 施設の種類ごとの費用の特徴と目安

種類	施設名	入居一時金	月額費用
介護施設	特別養護老人ホーム(とくよう)	－	15万前後
	介護老人保健施設(ろうけん)	－	16万前後
	介護療養型老人保健施設(療養型ろうけん)	－	17万前後
民間施設	グループホーム	数千万以下	20万前後
養護施設	軽費老人ホームA型・B型	－	15万前後
	ケアハウス	数百万以下	15万前後
有料老人ホーム	健康型	数億円以下	30万前後
	住宅型	数千万以下	30万前後
	介護型	数千万以下	30万前後
高齢者向け住宅	サービス付高齢者向け住宅	数十万以下	30万前後
	シルバーハウジング	－	10万前後
	グループリビング	50万程度	30万前後

権利を取得するようなもので、年数に応じて償却していくシステムを取っています。そのため、施設の中には中途での対処や利用者の死亡時に返却が行われる場合もあります。

　一時金については、有料老人ホームごとにそれぞれ償却の仕方が定められています。中には家賃を前払いとして受け取るタイプの一時金も見られるため、入所を検討する際には入念に調べておきましょう。

　また、サービス付高齢者住宅の場合は、通常の住宅への入居時と同様に、敷金・礼金を支払い、その後は月額費用を負担するシステムをとります。一般のサービス付高齢者住宅の場合は、介護支援サービスを利用した際には、その都度利用者の介護度合いに応じて費用を負担します。また、介護型のサービス付高齢者住宅の場合は、介護にかかる費用は月額費用に含まれる場合が多くあります。

■■ 施設費用が高額になる場合、払戻しの可能性もある

　介護保険が適用される場合は、介護にかかる費用の自己負担割合は１割です。ただし、重度の介護認定を受けている場合や、さまざまな介護サービスを要する高齢者の場合は、それでも自己負担割合が高額となるケースがあります。

　このような場合に有効となるのが、94ページで述べた高額介護サービス費の制度です。この制度を活用すれば、自己負担額の月額費用が定められた額を超えた場合に、超過分が払い戻されます。この制度は申請式であるため、利用者が申請することで適用がなされます。ただし、申請を行いさえすれば、申請後は自動的に払戻しが行われるため、介護が必要な親がいる場合は検討する価値があるでしょう。なお、低所得者の場合は特定入所者介護サービス費の制度が適用されるケースもあります。

3 施設選びのポイントについて知っておこう

親の希望や状態に合わせた施設を冷静に検討する

■■ 施設を選ぶときに考えること

　実際に施設を選ぶときに考える点は、実に多岐にわたります。入所する親も預ける子も満足することができるよう、事前にさまざまな点から検討しておくことが重要です。

　まず大切なことは、かけることができる費用です。親の年金額や自身の経済力、貯金額などから、支払うことのできる限度額を決定します。医療の進歩が目ざましい昨今では、長期にわたる計画を立てる必要があります。

　次に、親の健康状態に応じた介護施設のタイプを決定します。入所を希望する施設の場合でも、介護度合いによって入所ができない場合があるため、事前にリサーチしておかなければなりません。

　また、立地条件も重要です。子自身が通いやすいよう、自宅や職場などから近い方が利便性は増しますが、ただ近いというだけで施設を選ぶことは危険でもあります。

　その上で、実際に入所した際に親が安心して生活ができるような体制が整っているかを確認する必要があります。たとえば、設備の程度や医療体制、日々の食事、施設全体の空気など、必ず事前に現地を確認しながら検討していきます。施設の方針や経営状態、入所者の家族との連携体制なども同時に確認しましょう。

■■ 経営母体や規模で判断してはいけない

　我が国では、さまざまな業種の会社が介護業界に参入しています。もともと介護に特化した業界の他、医療業界、不動産会社、食品会社

など、その種類は多岐にわたります。業種に応じてそれぞれの強みを生かした経営を行っており、どの経営母体が優れているということは一概には言えないため、名前だけで判断してしまうと失敗するケースもあります。

　たとえば、介護系の会社が経営する施設の場合は、さまざまな介護サービスを受けられることに特徴があります。介護支援のマニュアルが徹底している場合が多く、総合的に質が良い点がメリットです。ただし、要介護者向けの施設であるため、自立した生活を送ることができる高齢者の場合や部屋が狭いなど、不都合な点が生じる可能性があるため、注意が必要です。

　一方、医療系の会社が経営する施設の場合は、医療サービスの充実が大きなメリットです。医療を要する持病がある高齢者の場合は、快適に過ごすことができるでしょう。さらに、不動産会社や建設会社の場合は、居住するスペースの快適度合いに重きを置く場合があり、食品会社の場合は、提供される食事メニューの充実を売りにする施設があります。

　また、経営母体を調べる際には、業種のもう一つ注意すべき点があります。それは、企業の規模です。昨今では、「大手企業だから安心」という考えは非常に危険です。どのような会社にも倒産の危険性は生じます。入所した施設の事業主が何らかの事情で変更になった場合、サービス内容や質、入所し続けられるかどうかなどの不安要素があります。そのため、大企業である、知名度が高いなどのネームバリューにとらわれず、実質的な経済状態を見ることが重要です。

　方法としては、事業主の公表する財務諸表を確認することや、入居率が低すぎないか、退去率が高すぎないか、などの数値により、施設の経営状態やトラブル発生率を図ることができます。不明点は、事前に施設に確認することも必要になります。

■ どんな点をチェックすべきなのか

　施設を選ぶ際に重要となるポイントは、他にもあります。まずは、入所後に後悔しないよう、気持ちに余裕を持って施設選びを行うことです。施設を決定するということは、親の今後の人生を左右するものであり、費用も少額とはいえません。噂話や先入観にとらわれず、焦る気持ちを抑えながら選択することが重要です。

　また、施設を利用するのは親本人です。目先の利益にとらわれることで本人の意志を無視してしまうと、親は不安や不満を抱えながら生活することになります。そもそも、本当に施設への入所が必要なのか、入所させるのであれば安心となる場所はどこかを検討しなければなりません。そして、実際に候補となる施設が発生した場合は、前述した条件に加え、必ず施設内で働くスタッフの様子を確認することが重要です。介護する側も介護される側も同じ「人」であり、施設内で親と関わりを持つスタッフの存在は非常に大きいウエイトを占めています。

　まず、スタッフの勤務体制や資格の有無をチェックします。少人数の無理な働き方をさせているいわゆる「ブラック企業」の場合は、スタッフのモチベーションが下がり、質の低下につながります。また、そのような施設はスタッフの入れ替わりも多くなりがちであるため、引継ぎの不備やコミュニケーション不足などの障害が生じます。その他、資格を持つスタッフがどのくらい配置されているのかや、教育体制を調べることも重要です。

　さらに、スタッフの働きぶりやコミュニケーションの取り方もチェックしていきましょう。スタッフ同士の連携や入所者への態度、身だしなみなどから、その施設の管理体制がわかります。また、新しい施設の場合は、設備などの綺麗さに目を奪われがちですが、スタッフ体制が不十分であるケースもあります。これらの問題点は、実際にスタッフと話をする方法や、施設内のスタッフの様子などを見る方法などで観察するとよいでしょう。

4 特別養護老人ホームについて知っておこう

常時介護に重点を置いたサービスを提供する公的介護施設である

■ 特別養護老人ホームとは

　特別養護老人ホームとは、国の管轄である公的介護施設のひとつで、運営の主体は社会福祉法人や地方公共団体などです。介護保険法上では「介護老人福祉施設」に該当し、寝たきりなど常時介護が必要な者を受け入れる施設とされています。

　特別養護老人ホームは全国各地で「地域密着型介護老人福祉施設入所者生活介護」を提供しています。地域密着型介護老人福祉施設入所者生活介護とは、定員に限りがあり、29人以下の小規模な特別養護老人ホームで行われることが特徴です。既存の特別養護老人ホームの近くに作られ、セットで運営されているケースもあります。少人数制で家庭的な雰囲気があり、地域や家庭とのつながりを重視していることが特徴です。なお、前述のサービスは、①当該市区町村の住民である、②原則として要介護3以上の認定を受けている、③心身に著しい障害があるため常時介護が必要である、④在宅介護が困難である、という要件をすべて満たす場合に利用できます。

■ どんな特徴があるのか

　特別養護老人ホームは、老人ホームの中では費用が安価で全国的に非常に人気が高い施設です。そのため、親を特別養護老人ホームへ入所させたいと考える者が多いことが予想され、事実、相当の期間を入所待ちに要している世帯が存在することが現状です。

　特に、親が常に寝たきりの状態などのため24時間体制での介護が必要な場合や、そもそも自宅が介護生活をできる環境ではない場合、ま

たは経済的な理由で介護にまつわる費用をかけることができない場合などに、特に常時介護に重点を置くサービスが提供される特別養護老人ホームへの入所を希望するケースが多く見られます。

■ **特養ではどんなサービスを受けることができるのか**

特別養護老人ホームには、施設長、医師、生活相談員、看護職員、介護職員、栄養士、機能訓練指導員などが配置されています。

特別養護老人ホームでは基本的には医療行為は行われず、日常生活の世話を中心としたさまざまなサービスなどが提供されます。

施設介護サービス計画（ケアプラン）が入所した要介護者ごとに立てられ、このプランに沿って介護保険給付の対象となるサービスが決定されます。

具体的な内容は、入浴や食事、排泄、清拭や体位変換などの身の回りの世話をはじめとする日常生活上必要となる支援です。また、要介

■ **指定介護老人福祉施設で支援を受ける場合**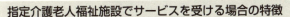

在宅で生活することが難しい状態にある場合	寝たきりである 認知症が進んでいる
↓	
特別養護老人ホームへの入所が可能	
↓	
施設介護サービス計画（ケアプラン）作成	特別養護老人ホームへの入所時
↓	
施設に入所しサービスを受ける	日常生活上必要となる支援 要介護状態の改善・自立した生活に向けた機能訓練・健康管理
↓	

指定介護老人福祉施設でサービスを受ける場合の特徴

施設サービスの中で常時介護を受けることに重点を置いているサービス
ショートステイの場合を除き、要支援者の入所は不可
指定介護老人福祉施設（介護保険上の名称）＝特別養護老人ホーム
　従来：4～6人の相部屋が主流
　最近：ユニット型の個室（相部屋よりも料金は割高）

護状態を少しでも改善し、自立した生活ができるよう、機能訓練や健康管理を受けることもできます。

■■■ 従来型個室、多床室、ユニット型といった種類がある

従来の特別養護老人ホームは約4〜6名の相部屋が主流でしたが、最近ではプライバシーを重視したユニット型の個室も提供されるようになりました。

ユニットとは、おおよそ10部屋前後の個室に加え、食堂やくつろぎ場などを設けることです。この方法により、入所者がリラックスしながら過ごすことを可能とし、施設側も入所者の状況に沿った介護サービスを提供することができます。ユニット型の個室の場合、大人数の相部屋よりも料金は割高となるのが一般的です。

一方、このユニットが存在しない個室のことを「従来型個室」、ユニットが存在しない大部屋を「多床室」といいます。費用は、ユニット型に比べ安価となることに特徴があります。

■■■ 複数の施設に申し込める

特別養護老人ホームは、以前は申込みを行った順に入所することができるシステムでした。しかし、現在では各自治体や入所を希望する施設が設けた要件に合致しているかどうかを判断し、その中でも特に早急な入所対応を要する者から優先的に入所が認められます。

なお、申込みは同時に複数の施設に対して行うことができるため、第一希望、第二希望と複数の希望施設がある場合は、入所への確立を上げるためにも複数申込みを実施する方法が効果的です。

また、居住地とは異なる場所にある施設に申し込むことも可能であるため、近辺に希望する施設がない場合や空いている施設がない場合は、対象エリアを広げて検討するとよいでしょう。ただし、居住地を離れた場所で地域密着型介護老人福祉施設入所者生活介護を受けるこ

とはできないため、注意が必要です。

■ 入居対象者について

特別養護老人ホームの入所対象者は、寝たきりの状況や認知症が進んでいる状況など、在宅で生活することが難しい状態にある者です。短期間だけ入所してサービスを受けるショートステイの場合を除き、要支援の人が予防給付としてサービスを受けることはできません。

現在、特別養護老人ホームでは、重度者への重点化が進められ、入所者に対する基準が厳しくなっており、新規の入所者は原則「要介護3以上の高齢者」に限定されています。

ただし、要介護1・2であっても、やむを得ない事情などがある場合は、特例的に入所が認められるケースもあります。

入所を待っている要介護者全体に占める要介護3以上の人の割合は、以前と比べて非常に増えており、その中でも在宅の重度者に関する問題は非常に深刻化しています。そのため、現在では、介護の度合いや認知症が見られるかどうか、または介護を行う家族などの生活内容や経済状況などを考慮して判断しています。つまり、これまでは入所ができなかった場合でも、親の介護度合いが悪化した場合など、状況が変わった場合は再申込みの手続きを行う方法が効果的です。そのためには、常に親の状態を正確に把握しておくことが重要であり、定期的に診断を受けておく必要があります。

■ 入居できるかどうかの審査は点数制になっている

実際に特別養護老人ホームへ入居ができるかどうかの基準は、早い者勝ちや運任せというわけではありません。特別養護老人ホームは地域に密着した介護施設であるため、原則として入所にまつわる審査基準は各自治体により異なります。

ただし、施設の中には点数制のしくみが取られている場合がありま

す。**点数制**とは、入所希望者の介護度合いや年齢、認知症の進行具合や介護を行う家族の環境などの要素に対して基準に合わせて点数をつけ、合算した数値で判断する方法です。同様の点数制によるしくみを保育園の入所基準で採用している自治体もあります。

例として、たとえば東京都新宿区の場合は、大きく分類すると①入所者の状況、②介護者の状況、という2種類の基準があります。そのうち重視度が高いのが①の入所者の状況で、要介護度・年齢・認知症の場合の重要度、という3種類の判断項目があり、それぞれ点数が設けられています。一方、②の介護者の状況の場合は、要介護の認定を受けて以来の在宅介護継続期間や在宅における介護サービスの利用状況、介護者をとりまく環境、住宅環境（介護仕様にリフォームができるか、など）、という4種類の判断項目が設けられています。また、横浜市でも同等の点数制がとられています。

■■ 特養での生活について

特別養護老人ホームでの生活は、部屋の形態にかかわらず大まかな流れがあらかじめ決められています。利用者に対する職員の担当割合

■ 点数制のしくみ

入所者の状況	要介護度	要介護5：50点、要介護4：40点 等
	年齢	100歳以上：5点、90歳以上：4点 等
	認知症	Ⅳ：5点、Ⅲ：4点 等
介護者の状況	在宅介護継続期間	5年以上：5点、4年以上：4点 等
	介護サービス利用状況	8割以上：10点、6割以上：8点 等
	介護者の環境	介護者なし：20点、障害あり：10点 等
	住宅環境	立退き要求有：5点、問題有住宅：2点 等

➡ **合算数値が高い者から優先的に入所**

※東京都新宿区の入所基準を基に作成

は決められているものの、職員は24時間の交代勤務を取っているため、実態としては1人の職員が5人以上の入所者の介助を行うケースが多く見られます。起床は6時から8時の間で定める場合が多く、身支度や排せつを整えた後、朝食を取ります。自身で動くことのできない入所者も多いため、朝食まではある程度の時間が設けられています。

食事の後はくつろぎ、テレビ、レクレーションなど日によってさまざまで、入浴は日中の職員数が充実した時間帯に行われる場合が多くあります。また、日中には医師による診察や外出の時間が取られることもあります。排泄の促しも、日中・夜間問わず行われます。

▌特別養護老人ホームを退所するケース

特別養護老人ホームに入所できた場合であっても、ずっと居続けられるわけではなく、一定の場合には退所しなければならなくなる場合があります。たとえば、入所者の心身機能が大きく改善し、要介護認定において「自立」「要支援1・2」と認定された場合には、退所しなければなりません。また、医学的管理の必要性が増大した場合や、3か月を超える長期の入院が必要になった場合などにも、退所しなければなりません。

▌特別養護老人ホームの特徴

運営主体	社会福祉法人・地方公共団体
入所対象者	要介護3以上
費用	安価な設定
サービス内容	介護に重点を置く（医療行為は制限あり）
居室	ユニット型個室、従来型個室、多床室
申込手続	市区町村の窓口に行う（点数制などで入所順位が決定する）
退所事由	要介護認定が「自立」「要支援1・2」に改善したとき 医学的管理や長期入院が必要になったとき

5 介護老人保健施設について知っておこう

医療サービスを受けながら居宅生活をめざしていく施設である

■■ 介護老人保健施設は特養とはどう違うのか

　介護老人保健施設は、特別養護老人ホームと同じく国の管轄である公的介護施設のひとつです。ただし、サービス内容は他の施設とは異なり、特に特別養護老人ホームなどと比べると医療関係のサービスが多いことに特徴があります。

　介護老人保健施設は、看護や医療的な管理下で介護サービスを提供することに重点を置く施設です。自宅で医療的な管理をすることができない状況で入院する必要性が生じない者や、病院での治療が終了した物が、機能訓練などを行ってから自宅に戻り生活を送れるようにするために入所します。

　実際に介護老人保健施設に配置されている人員も、医療関係に従事する者が多く、設備も他の老人ホームと比べると充実していることが特徴です。

　また、リハビリを行った上で自宅へ戻ることを目標としている施設であるため、入所期間に制限がない特別養護老人ホームとは異なり、原則として3か月から1年程度に限定されています。

　入所にかかる費用については、入所者本人やその家族の経済状況（世帯収入）に応じて定められますが、公的な介護施設であるため比較的安価とされています。また、入所一時金の支払もありません。

　ただし、専門の医療従事者が常に待機していることから、特別養護老人ホームと比較すると月額でかかる利用料が高額になる場合があります。また、部屋のタイプについては、特別養護老人ホームのようにユニット型、従来型個室、多床室などが設けられているため、どの部

屋を選択するかによっても費用が異なります。

■ 介護老人保健施設ではどんなサービスを受けることができるのか

　介護老人保健施設では、介護を必要とする高齢者の自立を支援し家庭への復帰をめざすため、常勤の医師による医学的管理の下、看護・介護といったケアや作業療法士や理学療法士などによるリハビリテーションが行われます。

　また、栄養管理・食事・入浴などの日常サービスまで併せて計画し、利用者の状態や目標に合わせたケアサービスを、医師をはじめとする専門スタッフが行い、夜間のケア体制も整えられています。

■ メリットとデメリット

　介護老人保健施設へ入所した場合のメリットは、何と言ってもさまざまな医療サービスを受けることが可能である点です。

　入所時は、専門知識やスキルを持つ医師や看護師に囲まれ、持病を抱える高齢者でも安心して生活をすることができます。施設内の医療設備も充実しているため、いざという時にも安心した対応を受けることができます。

　また、医学的な治療の他、日常生活を自宅で送ることができるように個々の状況に応じたリハビリ方法を伝授してもらえます。さらに、入所者の家族も、介護や日常の世話、気を付ける点などのノウハウを受けることが可能となるため、入所者本人も家族も退院後の生活に対するさまざまな不安感を軽減させることができます。

　その他、期間限定であれ親を専門の医療機関つきの施設へ入所させることで、家族は入所者が帰宅するまでの間に、家を介護仕様にリフォームさせることや対処後に受けさせる適切な介護サービスの選択など、今後の生活に対する対策を比較的余裕のある状態で立てることが可能になります。

一方、介護老人保健施設のデメリットは「期間限定の施設である」ことです。もともと長期入所はできないという前提で入所する施設であり、一定期間ごとに退所するかどうかの判断がなされるため、入所の継続ができないという結論が下された場合は退所させなければなりません。そのため、家族は、入所後も常に退所後の施設や介護体制などについて考える必要があります。また、リハビリを中心とした施設であるため、他の施設に比べるとお楽しみイベントなどが少ないことにも特徴があります。

■■入所対象者と入所審査

　介護老人保健施設へ入所することができる対象者とは、第一に原則として65歳以上、つまり介護保険の「第1号被保険者」であることです。ただし、認知症などの要件を満たす内容の疾病を患っている場合は、40歳以上65歳未満のいわゆる「第2号被保険者」も対象となります。

　その上で、要介護1以上の認定を受けており、なおかつ「病状が安定していること」が必要になります。ただし、感染症や伝染病にかかっていないことや、入院の必要性が生じないことなどの要件を満たさなければなりません。この要件については、施設ごとに異なるため、事前に入所を希望する施設の入居対象者について調査しておくことが重要になります。

　なお、実際に介護老人保健施設への入所を希望し、申込み手続きを行った場合は、入所審査が行われることが一般的です。入所希望者の現状が判別できる健康診断書や医師の意見書、指示書などをもとに入所許可についての審査が行われます。書類による検討のみで足りる施設もありますが、場合によっては施設スタッフによる面談が行われることがあります。審査の方法や必要書類については必ず事前にリサーチしておくなど、余裕を持った対応が必要です。

6 有料老人ホームの形態や費用について知っておこう

利用形態や費用設定は施設によってさまざまである

■ 有料老人ホームは実は「介護施設」ではない

一見施設に入居していても、以下の場合には施設サービスではなく、在宅サービスとして介護保険の適用を受けます。

> ① 特別養護老人ホームや老人保健施設でショートステイという形式でサービスの提供を受ける場合
> ② 地域密着型サービスのうち、施設でサービスを受けられる場合
> ③ 有料老人ホームなどのケアつきの住宅のうち、特定施設として認められている施設に入居していてサービスの提供を受ける場合（特定施設入居者生活介護）

③の特定施設には、有料老人ホームの他に、ケアハウスや軽費老人ホーム（A型・B型）などが認められています。軽費老人ホームは、家庭の事情などから自宅で生活することが難しい高齢者で身の回りのことは自分でできる人が低額で入居できる施設です（132ページ）。A型に入居できる対象者は、炊事についてはサービスの提供を受ける程度の健康状態にある人で、B型は、自炊できる程度の健康状態にある人を対象としています。軽費老人ホームの中でも介護利用型の施設にケアハウスがあります。身の回りのことは自分でできる健康状態にある高齢者のうち、自宅で生活することが難しい人が対象になります。軽費老人ホームは、A型・B型・ケアハウスといった類型に分かれていますが、将来的にはすべての類型がケアハウスに統一される予定です。

これらの特定施設については、定員29名以下の少人数制体制で運営されているサービスもあります（地域密着型特定施設入居者生活介護といいますが、サービスの内容自体に大きな違いがあるわけではありません）。

■ 有料老人ホームの利用形態

有料老人ホームとは、民間企業や社会福祉法人が運営する高齢者向けの住宅です。事業者は高齢者のニーズに合うよう、眺望や温浴施設・娯楽施設などの設備、高級な食事やイベントの提供など、さまざまなサービスを準備して差別化を図っています。利用申込みは直接施設に行い、利用負担については設置者との契約によります。

有料老人ホームの利用形態は、さまざまな観点から分類することが可能です。

・住宅型・健康型・介護付きという分類

まず、利用者が有料老人ホームに入居を望む目的から、住宅型・健康型・介護付きという分類をすることができます。

「住宅型」とは、生活の場を求めると同時に、介護サービスを利用することを目的に有料老人ホームに入居する場合です。「健康型」とは、当分介護の必要がないと考えている利用者が、専ら住居の場を求めるために有料老人ホームに入居する場合です。

「介護付き」では、施設あるいは外部の事業者による介護サービスを受けることができます。

・入居要件からの分類

次に、入居要件からの分類として、利用者の身体的状況に応じて入居の可否が決定されることがあります。入居要件からの分類には、①自立型、②混合型、③介護専用型があります。

①自立型とは、入居時に要介護や要支援状態にないことが入居要件になっている場合をいいます。②混合型とは、利用者が自立型のよう

に健康な状態、または要介護・要支援の状態であっても入居可能であることをいいます。そして、③介護専用型とは、「入居要件として利用者が要介護認定1以上の状態でなければならない」と定められている場合や、「65歳以上」というように、利用者の年齢に制限を設けている場合を指します。

・契約方式に従った分類

さらに、契約方式に従った分類もあります。一般的な賃貸型住宅と同様に月額の利用料を支払い、介護等については別途契約が必要な方式を、建物賃貸借方式といいます。

これに対して、建物賃貸借契約および終身建物賃貸借契約以外の契約の形態で、居室に住む権利と生活に必要な支援など、サービスの部分の契約が一体となっている利用権方式もあります。

■■ 有料老人ホームに入居する際に必要になる費用

有料老人ホームに入居する際に必要になる費用として、主に入居一時金と、月額利用料があります。その他に介護に必要な自己負担額や消耗品費、レクリエーションへの参加費等が必要です。

■ 有料老人ホームの種類と特徴

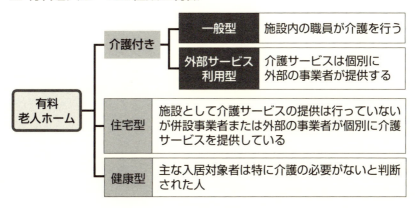

第3章 ◆ 施設への入所を検討する

入居一時金とは、施設に入居する権利を取得するための費用をいいます。金額や別途家賃の支払いが必要になるのかは施設ごとに異なり、また、短期で退所する場合には、一部返還される場合もあります。これに対して、月額利用額とは、一般の賃貸住宅の家賃に相当する金額を指し、一般に施設スタッフの人件費や、生活に必要な水道光熱費に充てられます。金額は施設ごとに、また地域によっても異なります。

■■ 介護付き有料老人ホームのサービスと費用の目安

　介護付き有料老人ホームの大きな特徴は、都道府県から「特定施設入居者生活介護」の事業者である旨の指定を受けているという点にあります。これにより、入居者は、入浴や排せつなどの介護や、日常の生活上の世話などを、介護保険サービスとして受けることができるわけです。入居一時金は0～1億円以上と、施設によって大きく異なります。月の利用料金は、12～40万円程度であることが一般的です。

　注意しなければならないのは、実際の介護サービスをだれが行うかという部分です。

　ケアプランの作成から実際の介護の実施まで、すべてを当該施設の職員が担当するタイプでは、24時間体制で介護を受けられるというメリットがありますが、介護サービスをあまり利用しなかった月も利用料金は変わらない（毎月一定の料金がかかる）という点が欠点になります。施設ではケアプランの作成や生活相談のみを行い、実際の介護は外部の事業者が行うというタイプもありますが、この場合、介護サービスの利用度によって月の利用金額が変動することになりますので、介護サービスを利用しすぎて介護保険の支給限度額を超えてしまうと、高額な介護費用を自己負担しなければならなくなる可能性があります。

■■ 住宅型有料老人ホームのサービスと費用の目安

　住宅型有料老人ホームは、施設内に介護職員が設置されていない点

に特徴があります。施設で提供されるサービスは、食事や清掃などの日常のサービスと、緊急時の対応がメインになります。

　介護が必要になった際には、適切な介護サービスを受けることができるように併設または外部の事業者の在宅サービスや通所サービスを利用することになります。自治体の基準違反である場合が多いようですが、施設と提携している事業者でなければ選択できないというような縛りが設定されている場合もありますので、注意が必要です。なお、入居一時金は0〜1億円程度と施設によって大きく異なります。月の利用料金としては、12万〜40万円程度であることが一般的です。

■ その他どんなトラブルが考えられるのか

　その他考えられるトラブルとしては、実際に契約した後に、当初の説明と実際のサービスが大きく異なるような場合があります。契約時のトラブルを防ぐために、契約内容をしっかり理解して説明をよく聞き、わかりやすい契約書を作成して契約を行う必要があります。

■ 有料老人ホームにかかる主な費用

項　目	費用の内容と注意点
入居申込金	部屋の予約の際に要求されることがあるが、不当に高額の場合には入居を再検討した方がよい。
入居一時金	家賃や共有部分の利用権を取得するための費用。1000万円を超えることもあるので途中で退去した場合の取扱いを聞いておくこと。
月額利用料	家賃・食費・管理費の3つをあわせたもの。光熱費や電話代の支払いが別途必要になるのかについて確認すること。
介護関連費用	介護保険の自己負担部分やオムツ代。介護保険のきかないサービスを受けた場合にはその費用。
個別のサービス料	老人ホーム内でのイベントやレクリエーションに参加する場合にかかる費用。

7 軽費老人ホームについて知っておこう

プライバシーを守りながら安価に必要なサービスを受けられる

■■ どんな場所なのか

　軽費老人ホームは老人福祉法に定められた福祉施設の一種です。施設長、生活相談員などの職員が配置されており、必要に応じて相談や援助などのサービスを受けることができます。福祉施設という位置付けですが、特別養護老人ホームなどと異なり、居室は原則として1人用の個室です。施設によっては夫婦等で同居できるような2人部屋を設けているところもあります。居室の他には、食堂や浴室、談話室、洗濯室など共用の設備を設けることが義務付けられています。いわば学生などが共同生活をする寄宿舎のような場所と考えればよいでしょう。なお、軽費老人ホームには、食事の提供があるA型と、自炊が基本のB型があります。また、ケアハウス（C型）も軽費老人ホームに含まれますが、これについては135ページ以降で詳しく説明します。

　軽費老人ホーム（A型・B型）の入居対象となるのは、次のような条件を満たす人です。

・60歳以上（夫婦の場合はどちらか一方が60歳以上であれば入居可能）であること。
・身体の機能が低下しているなどの事情で自立して生活することに不安があること。ただし、食事や入浴、着がえなど身の回りのことは自分でできること。
・家族などの援助を受けるのが難しいこと。

　この他、運営主体が市町村など地方自治体の場合は、その自治体に一定期間居住していることが条件とされる場合があります。

　また、一部公費補助により運営されている福祉施設ですので、家賃

などの負担は必要ありませんが、その分所得制限が設けられています。ただし、生活費や事務費などの経費は自己負担となりますので、その費用を賄える資力があることは必要です。

■ 入居方法や費用について

入居に際しては、希望者と各施設が直接契約をすることになっています。希望者が入居対象の条件に合致しており、かつ施設に空きがあれば入居することができます。軽費老人ホームの所在地などの情報は、都道府県など、各自治体の高齢者関係窓口に問い合わせれば入手することができますし、インターネットなどにも掲載されています。

また、軽費老人ホームに入居する際に、入居一時金や敷金・礼金などの費用はかかりません。また、月々の家賃のようなものも不要です。その面では、経済的負担はかなり軽いといえるでしょう。

必要になるのは、月々の生活費と事務費です。生活費とは食費や共用部分の光熱費などの費用、事務費とは職員の人件費や管理費などの費用です。額については国が基準を定めています。生活費は施設の規

■ 軽費老人ホームの種類とサービス

	入居条件 ※1	特徴 ※2
軽費老人ホームA型	部屋の掃除や洗濯などの身の回りのことは自分で行える状態	個室 食事など日常生活で必要なサービス提供あり
軽費老人ホームB型	身の回りのことも自炊もできる状態	個室・台所・トイレ
ケアハウス	身の回りのことを自分で行えるが自炊はできない状態、在宅での生活が困難な人	食事つきが原則で自炊も可

※1 どの類型でも60歳以上であることが必要だが、夫婦で入居する場合にはどちらか一方が60歳以上であれば可能
※2 どの類型でも、家賃に相当する分の利用料、日常生活上の経費は自己負担

模や所在地によって額が異なりますが、おおむね月5万円前後で、冬季には暖房代等を別途徴収する施設もあります。事務費については所得額に応じて負担するとされており、年収150万円以下の人であれば本人からの徴収額は月1万円となっています。

■■医療機関や介護などについてはどうなっているのか

　医療面については、嘱託医や提携医療機関を置き、そこで定期健診なども行っているというところがほとんどですが、必要に応じて入居前からのかかりつけ医に通院することも可能です。ただ、緊急時には提携医療機関等に搬送されることも多いので、あらかじめ健診を受けるなどしてカルテを作っておく必要はあるでしょう。

　介護が必要になった場合、在宅の場合と同様、指定居宅介護支援事業者と契約し、訪問介護を受けることができます。ただ、重度の介護が必要になったり、認知症を発症して他の入居者との共同生活に支障が出るなどした場合は、別の施設などに転居しなければならないというところが多いようです。

■■日常生活には支障がないのか

　A型の場合、食事は3食提供されますが、居室にミニキッチンを備えているところも多く、食べたくなければ断ることもできますし、外食に出ることも可能です。また、来訪も自由で、必要に応じて宿泊や来訪者向けの食事の提供を求めることができる施設もあります。

　買い物や旅行などの外出や外泊については、届出が必要なところもありますが、おおむね自由に行うことができます。中にはホームから出勤したり、内職をすることを認めている施設もあります。

　このように、日常生活には大きな支障なく、比較的自由に過ごすことができますが、入浴は共用の浴場を使うことになるため、毎日は入れない場合もあります。

8 ケアハウスについて知っておこう

比較的元気な高齢者が住みやすい形態

■ どんな場所なのか

　ケアハウスは、国の施策もあって近年一気に数が増加した福祉施設です。軽費老人ホームの一種で、C型などと称されることもあります。居室は原則として一人用の個室で、マンションのような作りになっていますが、食堂や浴室、洗濯室といった共同設備も備えつけられています。生活は比較的自由ですが、食事は三食提供されますし、施設長、生活相談員、調理員、介護職員といった職員が配置されており、必要に応じて生活面の支援を受けることができます。

■ 他の軽費老人ホームとはどう違うのか

　システムは、軽費老人ホームA型とほぼ同じです。大きな違いは、低所得の人向けで入居一時金などが必要ないA型に比べ、ケアハウスでは家賃が必要になるということです。入居時に家賃の前納として入居一時金を徴収している所も多く、ある程度資力がないと入居できません。ただ、その分所得制限はありませんし、施設数もA型より多くなっているので、A型よりも入居先を見つけるのは容易でしょう。

■ どのような人が対象なのか

　ケアハウスの入居対象となるのは、次のような条件を満たす人です。
・60歳以上（夫婦の場合はどちらか一方が60歳以上であれば入居可能）であること。
・身体の機能が低下しているなどの事情で自立して生活することに不安があること。ただし、食事や入浴、着がえなど身の回りのことは

自分でできること。
・家族などの援助を受けることが難しいこと。
　この他、運営主体が市町村などの地方自治体の場合は、その自治体に居住していることが条件とされている場合があります。
　条件については、所得制限を除いて軽費老人ホームとほぼ同じです。また、入居一時金を徴収している施設の場合、それを支払えるだけの資力が必要になります。

■■ 入居するには

　入居に際しては、希望者と各施設が直接契約をすることになっています。希望者が入居対象の条件に合致しており、かつ施設に空きがあれば入居することができます。ケアハウスの場合、入居時に入居一時金を徴収する施設が多いのですが、入居一時金は家賃の前払いとして納付するものですので、入居期間が短ければ、退去する際に入居期間分を差し引いた額を返金してもらうことができます。
　なお、ケアハウスの所在地などの情報は、各自治体の高齢者関係窓口に問い合わせれば入手することができますし、インターネットなどにも掲載されています。

■■ 費用はどのくらいかかるのか

　ケアハウスの場合、家賃の負担が必要です。徴収の方法としては、入居一時金として数年分、たとえば20年分の一括納付を求めるところと、一部の納付を求めるところ、月々の分納にしているところがあります。一括納付すれば、月々の家賃は必要ありませんが、一部納付、分割納付の場合は家賃もしくは管理費などの名目で月に数千円～数万円が徴収されることになります。
　なお、家賃の額は建築にかかった費用などから算出されるため、施設によって異なりますが、中には入居時に1000万円以上の入居一時金

を納めなければならない施設もあるようです。

　さらに、他の軽費老人ホームと同様、月々の生活費と事務費が必要になります。額については国が基準を定めています。生活費の額は施設の規模や所在地によって異なりますが、おおむね月4万円前後で、冬季には暖房代等を別途徴収する施設もあります。事務費については所得額に応じて負担するとされており、年収150万円以下の人であれば本人からの徴収額は月1万円です。

■ 医療機関や介護などについてはどうなっているのか

　医療機関については、嘱託医や提携病院を持っているところがほとんどですが、かかりつけ医や提携外の病院に行くことも可能です。

　介護については、原則としてケアハウスは介護施設ではありませんので、介護が必要な場合には在宅時と同様、外部の介護事業者と契約して在宅介護サービスを利用することになります。ただ、最近は「特定施設入居者生活介護」の指定を受けて、施設の職員が介護サービスを提供する介護付きケアハウスも増えてきています。

　なお、重度の介護が必要になったり、認知症などで他の入居者との共同生活に支障が出るような状態になった場合には、転居を求められることが多いようです。

■ 日常生活には支障がないのか

　ケアハウスは比較的元気な高齢者が入居する施設ですから、プライバシーもある程度守られていますし、かなり自由に生活することができます。外出、外泊、通勤なども自由ですから、日常生活に大きな支障はないでしょう。ただ、施設での共同生活である以上、食事を食べないときは事前に伝える、他の入居者に迷惑をかけないなど、守らなければならないルールはあります。また、入浴については毎日は入れないこともありますので、気になる場合は確認しておきましょう。

9 グループホームについて知っておこう

認知症の人が穏やかに暮らせるよう考慮された「家」

■ 認知症の問題とグループホームの利用

　高齢者に起こり得る心身の衰えの中で、対応が難しいもののひとつが**認知症**です。認知症の症状が出始めると、記憶力、記銘力、見当識といった能力の低下だけでなく、徘徊や暴力行為、幻覚といった周辺症状があることも、対応を困難にさせる要因となります。このような症状が出始めると、家族は四六時中気が休まる暇がなく、いら立ちを感じ、どんどん疲れていきます。

　認知症の周辺症状は本人の不安から来るものといわれ、生活状況が安定することによって改善を期待することができるのですが、疲れ切っている家族が生活状況が安定するような対応をしようとしても、なかなかうまくいきません。介護による肉体的な負担の大きさと、認知症という病気が原因で、家族である介護者のことさえも忘れてしまう高齢者のことを受け入れなければならないという精神的な苦痛から、穏やかに接することが難しいのです。

　このような場合に利用できるのが、**グループホーム**です。介護保険上「認知症対応型共同生活介護」として扱われるこのホームは、5～9人程度の少人数の認知症の高齢者が、職員の助けを借りながら共同生活を送る「家」のような場です。

　一人ひとりに個室が用意されている他、共用のリビングや浴室、トイレなどがあり、入居者が職員の助けを借りながら調理や掃除、後片付けといった役割をこなします。散歩や買い物に出かけたり、時にはバス旅行を企画して、日常生活を楽しく穏やかに暮らせるよう、支援してくれます。特別養護老人ホームなどの大型施設に併設されている

場合が多く、利用者は、家庭的な雰囲気や地域住民との交流など、住み慣れた環境の中で生活を送ることができます。

介護保険を利用できるため、自己負担の月額はそれほど高くありません。利用料は、要介護度に対応して決定され、認知症であることを示す主治医の診断書が必要です。

グループホームには認知症をわずらっている65歳以上の高齢者のうち、おおむね要介護度1以上の人が入居することができます。ただし、他の入居者と協力して生活することになりますから、暴力行為が激しいなど共同生活に適さない症状を示す場合は入居することができません。また、認知症であっても、その原因となる疾患が、急性の状態にある場合は入居できません。

中には寝たきりなど重度の介護が必要になった場合には退居を求めるところもありますので、事前に確認しておくとよいでしょう。

なお、認知症の症状がある要支援2該当者を対象に日常生活上の世話ではなく支援を行い、利用者の生活機能の維持または向上をめざす介護予防認知症対応型共同生活介護というサービスもあります。

■ 認知症対応型共同生活介護（グループホーム）のしくみ

特　長	認知症の高齢者が施設の介護スタッフと共に共同生活する介護サービス
入居対象者	共同生活を送る上で支障のない認知症の高齢者 要介護認定で要介護1以上の人を対象
人　数	5〜9人
費　用	介護サービス利用料の自己負担分は1割。利用料の他に家賃、食材料費、光熱費、敷金などが必要
施　設	原則として個室 施設職員の介護サービス計画に基づいて食事や入浴などのサービスが提供される

10 グループリビングをするにはどうしたらよいのか

少人数の高齢者が支援を受けながら居住する新しい形

■ どんな特徴があるのか

　最近は、65歳を越えていわゆる「高齢者」と呼ばれるようになっても、元気な人がほとんどです。70歳、80歳になっても趣味にいそしんだり、ボランティア活動をしたり、中には現役で活躍している人もいるほどです。

　しかし、そんな人たちにも、年齢による心身の衰えはどうしても出てきます。ひとり暮らしをしていて突然病気になったらどうしようという不安を抱えていたり、日々の家事に負担を感じたりしていることがあるということです。それならば子どもとの同居を考えたり、元気なうちに自立型の有料老人ホームに入居するといった方法をとればよいのではないかと考えがちですが、実際には「子どもと同居して負担はかけたくないし、自分も気兼ねしながら暮らすのは嫌だ。自由に生活していたいから、施設や老人ホームに入居してルールに縛られるのは抵抗がある」といったことを思う高齢者もかなりいるようです。このような悩みを抱える高齢者の居住方法のひとつとして注目されているのがグループリビングです。

■ グループリビングのしくみ

　グループリビングとは、5〜10人前後の少人数の入居者が個々に住める居室と、一緒に使用できるリビング、台所、風呂などの共用設備を併設した「グループハウス」に住むことをいいます。グループハウスの入居者は、おおむね60歳以上の比較的健康な高齢者が対象で、個々の生活ペースを尊重する一方、台所で食事を一緒にとったり、共

用リビングでおしゃべりを楽しんだりもできます。食事の準備や共用設備の清掃などは相互に助け合う他、外部の事業者に委託するなどして運営するところもあります。

　グループハウスの数は、まだ日本では少ないのですが、思いをひとつにする高齢者同士が立ち上げて運営をNPO法人に委託したり、企業や自治体が建設・運営に乗り出したりというケースが徐々に増えてきています。介護が必要になった場合にどうするのかといった問題点はありますが、孤独感や不安感を解消し、個々の人生を楽しむことができるという点で、今後期待の持てる手段だといえるでしょう。

　なお、グループハウスに入居するには、入居者を募集しているところを探す他、設立を支援するNPOなどに相談し、仲間と共にみずから立ち上げることを考えてみるのも一つの方法です。

　ただし、グループハウスには介護保険の適用がないため、他の施設と比べて運営するのが難しいという欠点を抱えています。安易な気持ちで立ち上げてしまうと、安定的な経営が保てずに、閉鎖せざるを得ない事態に陥る危険性もありますので、十分に注意しましょう。

■ **グループリビングのしくみ**

特　長	比較的元気な高齢者が、一緒に住み、自発的に助け合って生活すること
入居対象者	健康で、身の回りのことを自分でできるおおむね60歳以上の人
人　数	おおむね5～10人
費　用	入居一時金、月額費用、共益費などがかかる。入居一時金が300万円以上の施設もある
施　設	施設によって異なるが、個室と共有スペースが分かれている。風呂・トイレなどの設備を個室に整えている施設もあれば、共同生活者で共用するタイプもある

11 サービス付き高齢者向け住宅について知っておこう

見守りサービスなどが受けられる賃貸住宅である

■■ サービス付き高齢者向け住宅

　我が国では、現在高齢者が単身で暮らす世帯や、老夫婦2人のみが生活する世帯が増加しており、介護や孤独死などさまざまな社会問題を生んでいます。そこで、単身や老夫婦のみの高齢者の増加を考慮して、介護と医療を連携させて、サービスを提供することが可能な住宅を積極的に増加させていくことが課題になりました。それが、**サービス付き高齢者向け住宅**です。

■■ どんなサービスが行われるのか

　サービス付き高齢者向け住宅は、高齢者の生活を支援することが目的ですから、バリアフリー構造を採用した賃貸住宅（バリアフリー賃貸住宅）の形式が採られています。また、面積要件（原則として専用部分の床面積は25㎡以上）と設備要件（原則として専用部分に台所・水洗便所・収納設備・浴室を完備）を満たしていることも必要とされています。

　さらに、高齢者に対する見守りサービス（安否確認サービスや生活相談サービス）を行っていることも要件とされています。なお、見守りサービスは、ケアの専門家（医師・看護師・介護福祉士・社会福祉士・介護支援専門員など）が少なくとも日中建物に常駐して、サービス提供することになっています。

　以上の要件に加えて、総合的に高齢者の生活を支えるという目的を果たすために、オプションサービスとして、食事のサービスなどの生活支援サービスも提供されています。あわせて、当該高齢者が、介護

が必要な状態に至った場合にも、同じ住宅に居住していながら、適切な介護サービスを受けることができるように、外部の介護サービスを受けることができるという内容のサービスが、賃貸する住宅の標準オプションとして、追加されていることが多いようです。また、入居者への介護サービスについては、介護保険の24時間対応の定期巡回・随時対応型訪問介護看護（79ページ）を組み合わせたしくみの活用が期待されています。

　各住宅において受けられるサービスの具体的な内容は、その住宅ごとに異なりますから、入居する前にしっかりと情報を集めるようにしましょう。全国のサービス付き高齢者向け住宅の情報は、サービス付き高齢者向け住宅情報提供システム（http://www.satsuki-jutaku.jp）によって調べることができますので、これらの情報を活用して、入居者本人の希望に合う住宅を探すようにしましょう。

　なお、サービス付き高齢者向け住宅の入居条件は利用者と施設の契約によって決められることになるので、入居契約（契約の内容でいうと賃貸借契約）で必要事項を確認することになります。書面によって契約締結する決まりがありますので、当該書面で契約条項を確認することが重要です。特に、後々のトラブル防止のため、契約の解除事由や更新拒絶事由の条項はよく確認しておくようにしましょう。

■ **サービス付き高齢者向け住宅の要件**

身体状況	自立　／　要支援　／　要介護		
付帯サービス	緊急時対応	食事（オプション）	
面積	25㎡以上		
主体	民間企業	社会福祉法人	医療法人
根拠法	高齢者すまい法		

12 その他の高齢者が入居できる施設や住宅について知っておこう

高齢者向け公営住宅などがある

■ 指定介護療養型医療施設とは

　指定介護療養型医療施設（療養病床）は、介護サービスも提供する医療施設です。通常の医療施設と比べると、介護関連の職員が多く配置されています。通常の病院の場合、手術や集中投薬などの治療を行った後、患者の状態が安定すると退院が求められます。すぐに自宅で生活ができる人であれば問題ありませんが、高齢者の中には、自立した日常生活を自宅で即時に行うのは難しい人もいます。

　医療的な体制が整っていない介護施設に入所する場合、介護サービスの点では問題がない状態でも、医療的な看護を受けられないのでは不安が残ります。また、老人保健施設のように短期間集中して機能訓練等を受けることで自宅復帰が可能になるケースもありますが、長期間の療養が必要になるケースもあります。

　こうした高齢者を対象としているのが、指定介護療養型医療施設です。指定介護療養型医療施設を利用できるのは要介護者のみで、要支援者は利用することはできません。

　指定介護療養型医療施設に入院する際には、介護保険の適用を受ける場合と医療保険の適用を受ける場合があります。なお、指定介護療養型医療施設は、医療費の抑制・適正化のために、平成29年度末までに廃止されることになっています。

　特別養護老人ホーム・介護老人保健施設・介護療養型医療施設をまとめると次ページの図のようになります。

■ 養護老人ホームとは

　養護老人ホームとは、緊急的な理由があるために、養護する必要のある高齢者に対して、行政（市区町村）が措置として入居させる施設のことをいいます。

■ 特養・老健・療養病床のまとめ

	指定介護老人福祉施設 （介護保険法上の名称） 特別養護老人ホーム・ 特養ホーム	介護老人保健施設 （介護保険法上の名称） 老人保健施設・老健	指定介護療養型 医療施設療養病床
対象	在宅で生活することが難しい状態にある人（原則：要介護3以上） ショートステイで利用する場合を除いて要支援者の利用は不可	自宅で医療的な管理を行えない状況で入院は不要な人（原則：要介護1以上） 病院での治療終了後自宅に戻れるようにするために機能訓練などを行う場合 ショートステイで利用する場合を除いて要支援者の利用は不可	長期間の療養が必要な要介護者（原則：要介護1以上） 手術・治療後、状態が安定した要介護者でそのまますぐに自宅で日常生活を行うことが難しい場合 要支援者は利用不可
サービス内容	入所時に作成されるケアプランに沿った内容 日常生活上必要となる支援・機能訓練・健康管理	医療関係と介護職員が要介護者の自宅復帰を目指して立てたプランに沿った内容 医療的な管理下での介護サービス・機能訓練	医療的な管理下で日常的な介護・機能訓練などを行う
特徴	常時介護を受けることに重点を置いているサービス 4人以下の相部屋・ユニット型の個室など	看護・医療的な管理下での介護サービスの提供に重点をおいているサービス 比較的医療関係のサービスが多い 看護関係の職員が多く配置 入所期間は原則として3か月に限定	介護サービスも提供する医療施設 通常の医療施設より介護関連の職員が多く配置 平成18年度医療制度改革などにより、平成30年3月をメドに廃止される予定

たとえば、家族などから虐待を受けている、住む場所がなくホームレス状態で生活をしている、生活保護を受けているが経済的に自宅での生活を続けることが難しい状態である、というような問題を抱えた65歳以上の人が入居の対象になります。また、原則として、身の回りのことは自分でできることも入居の条件になります。ただし、介護が必要な場合に在宅サービスを受けることは可能です。
　養護老人ホームと他の施設との大きな違いは、行政の「措置」によってのみ入居することができるという点です。利用者が気に入った施設を選んで契約する、という方法をとることはできません。
　また、利用者が経済的に問題を抱えていることも入居の条件となります。あくまでも、入居者の社会復帰を促進し、自立した生活を送ることができるようにすることが、養護老人ホームの目的だからです。
　なお、養護老人ホームに入所した場合、入居一時金はかかりません。ただし、毎月の利用料は支払う必要があります。利用料は、入居者本人や扶養義務のある家族の世帯年収と課税状況を基準として決定されますが、月に0～10万円程度であることが一般的です。

■ 公営住宅は安いのが特徴

　都道府県や市町村といった地方公共団体が供給している公営住宅は、高齢であることを理由に入居申込みの拒否をすることはありません。家賃は収入に応じた負担となっているので、経済的に不安のある人も安心して入居することができます。
　また、公営住宅というと、エレベーターがない、作りが古くて室内に段差が多いといったイメージが強いかもしれませんが、最近はバリアフリーや生活支援員の配置といった高齢者向けの配慮をしている高齢者向け公営住宅（シルバーハウジング）もありますので、必要に応じて探してみるとよいでしょう。なお、シルバーハウジングの場合は、60歳もしくは65歳以上の単身世帯か、夫婦世帯であることが入居の条

件となります。ただ、公営住宅は申込みに所得制限がある他、入居は抽せんになることがほとんどです。このため、立地がよいなどの理由で人気の高い公営住宅に入居するのは、容易ではありません。さらに、介護が必要な状態になった場合には、介護保険制度を利用して居宅介護サービスを受けるか、介護付きの老人ホームに入居するなどしなければなりませんので、その点も考慮しておいた方がよいでしょう。

■ その他どんなものがあるのか

この他、高齢者が入居できる公的な賃貸住宅としては、次のようなものが考えられます。これらの住宅には、特に高齢者向けの設備などは備わってないことも多いのですが、高齢を理由に入居申込みを拒否されるようなことはありませんので、検討してみるとよいでしょう。

・**特定優良賃貸住宅（特優賃）**

特優賃は、都道府県等地方自治体の認定を受けた賃貸住宅で、地方自治体の他民間事業者が供給しています。入居条件として年間所得の範囲が定められており、主に中堅所得者を対象としています。所得によっては家賃補助を受けられる場合もあります。

・**公社賃貸住宅**

各都道府県の住宅供給公社が供給している賃貸住宅で、入居を申し込むためには一定の収入を得ていることが必要とされています。ただ、60歳以上の高齢者の場合、収入基準に満たなくても、一定の要件を満たせば申込みが可能になっています。なお、原則として家族での入居が条件となりますが、単身でも申込みができるところもあります。

・**UR賃貸住宅**

UR都市機構が供給している賃貸住宅で、一定の収入を得ている人であれば単身者でも入居を申し込むことができます。また、60歳以上の高齢者の場合、月の平均収入額が基準に満たなくても、一定の要件を満たせば申込みが可能になっています。

■■介護付き有料老人ホームと何が違うのか

　「高齢者住宅」を名乗るのに法的な規定はありません。たとえば買い物や掃除といった家事を手伝う職員を配置しているような住宅はもちろん、バリアフリーや緊急通報装置といった設備を備えているだけでも「高齢者住宅」と謳うことはできます。広い意味では有料老人ホームも高齢者住宅に含まれるということになるでしょう。

　一方、**介護付き有料老人ホーム**とは、県などの自治体から「特定施設入居者生活介護事業者」の指定を受けた施設のことをいいます。この指定を受けると、ホームの運営事業者が介護保険を使って介護をすることができます。介護付き有料老人ホーム以外の高齢者住宅では、介護が必要な状態になった場合に、介護保険を使って介護サービスを受けようと思ったら、外部の事業者と別途契約しなければなりませんから、この点が大きな違いだといえます。

　介護を受ける前からよく知っていて信頼のおける職員に介護を頼めるということは、大きな安心につながります。衛生管理や安全面といったことも考えると、介護付き有料老人ホームの方がより万全の体制を整えているということになるでしょう。とはいえ、ホームの職員から介護を受けても、外部の事業者と契約して介護を受けても、実態としてはあまり変わりはありません。介護付き老人ホームではない高齢者住宅には、入居一時金や管理費といった費用は比較的安価に抑えられる、ホームのルールに縛られず自由に生活することができる、といった利点もありますので、あえてこちらを選択するという高齢者も多いようです。ただし、高齢者住宅の場合、要介護度が高くなると退居を求められることもあるので注意が必要です。

第4章
有料老人ホームに入るには

1 有料老人ホームの形態・契約方式について知っておこう

サービス形態や契約方式を確認して選択する

■ 有料老人ホームのサービス形態

　有料老人ホームにはさまざまな形態があり、料金も施設によって異なるため、施設を探す人にとっては実態がわかりにくくなっています。

　有料老人ホームは、サービス形態により健康型、住宅型、介護付き（一般型）、介護付き（外部サービス利用型）の4種類があります。

　健康型は、介護が不要で健康な高齢者を対象とした施設で、食事や入浴などのサービスがあります。介護が必要になった場合には、退居しなければなりません。ただし、介護付きホームと提携している施設では、介護が必要になった際には介護付きのホームに移れるシステムになっているところもあります。

　住宅型は、食事などの生活サービスのみ提供される点では健康型と同じです。介護が必要になった場合には、基本的には自宅にいる人と同じ扱いとなるため、要介護認定を受け、外部の事業者の訪問介護サービスなどを個人契約で利用します。通常、ケアマネジャー（98ページ）へのケアプラン作成依頼や事業者の選択は入居者自身が行います。施設によっては、介護が必要になった際には提携している介護付き有料老人ホームに住み替えるシステムとなっていることもあります。もっとも、実際のところは、住宅型の老人ホームのほとんどの施設が併設で訪問介護サービスなどを運営しています。

　介護付きの有料老人ホームでは、退去しない限り、終身の介護を受けることができます。「介護付き」と称している施設は、人員・設備・運営に関する一定の基準を満たし、都道府県から特定施設入居者生活介護事業者の指定を受けた施設です。

ただ、定員が29名以下の場合、地域密着型特定施設として市区町村から指定を受けることになります。**介護付き（一般型）**では、施設内のスタッフによる介護が提供されます。

　一方、**介護付き（外部サービス委託型）**では、外部の事業者の訪問介護サービスを受けることになります。日常の安否確認や、ケアプランの作成は、介護付きホームのスタッフが行います。住宅型の場合とは異なり、個人で外部の事業者と契約する必要はなく、介護付きホームの事業者から委託された事業者のサービスを受けることになります。

　利用料は、介護付きホームに支払います。

　同じ「介護付き」であっても、介護を自室で受けるのか、部屋を移動して受けるのかなど、細かいシステムは施設によって異なるのでよく確認する必要があるでしょう。

■ 有料老人ホームの類型

種　類	主な利用条件	特　徴
健康型	要介護者としての認定を受けておらず、自立していること	介護が必要になった場合、退去しなければならない
住宅型	要介護認定を受けていなくても入居可能	介護保険施設ではないので、介護が必要になった場合、別途外部の業者と契約が必要（併設業者が多い）
介護付き（一般型）	要介護1以上の人を対象にした「介護専用型」と要介護認定を受けていない人でも入居できる「混合型」がある	原則として常駐のスタッフにより、介護も含めてすべてのサービスが提供される
介護付き（外部サービス型）	要介護認定を受けていなくても入居可能	サービスは外部の業者が行うので個人の要望を反映させやすい

■ 利用権方式と賃貸借方式がある

　有料老人ホームの契約方式には建物賃貸借方式と利用権方式があります。

　建物賃貸借方式は、一般的な賃貸住宅と同様に、入居者に借家権がある方式です。契約後に経営者が変わった場合でも、退居させられることはありません。入居者が死亡しても契約は終了しないので、権利を相続することができます。この方式の場合、家賃相当額は一括でなく、月々支払います。介護などのサービスを受ける場合には、別途契約を結ぶ必要があります。

　建物賃貸借方式の一形態として、終身建物賃貸借方式があります。

　終身建物賃貸借方式は、入居者が死亡するまで住み続けることのできる権利です。死亡によって契約は終了するので権利の相続はできません。家賃相当額は一時金払いの場合も月払いの場合もあります。介護などのサービスについては、建物賃貸借方式と同様、別途契約します。

　これに対して、**利用権方式**の場合、入居一時金を支払うことにより居室に住む権利と生活支援などのサービスを受ける権利を得ることができます。ただ、経営者が変わった場合に退居を求められる可能性がありますので注意が必要です。

　契約方式については、施設によって決められているので、ホームへの問い合わせや、重要事項説明書（166～167ページ）によって確認してみましょう。

■ 有料老人ホームの選択のポイント

　施設のサービス形態の他、入居要件（自立型・混合型・介護専用型、128ページ）もチェックしておきましょう。

　なお、かつて無届の有料老人ホームが火事になった事件が注目を集めましたが、施設を選択する際には、都道府県に届出をしている施設かどうかを確認することも必要です。

2 入居一時金と月額利用料金がかかる

入居する上で必要になる費用について知っておこう

■ 有料老人ホームにかかる料金の種類

　有料老人ホームを選ぶ際には、料金も重要なポイントとなります。有料老人ホームの入居にかかる主な費用としては、次のようなものがあります。
① 　入居一時金……入居時に一括して支払う前払金。
② 　月額利用料……月々支払う費用。
③ 　その他……介護サービスの自己負担費用やオムツなどの消耗品費、レクリエーション費など。
　ほとんどの有料老人ホームでは入居一時金の納付が必要とされていますが、最近では「入居一時金ゼロ」を掲げるホームも徐々に増えてきています。入居一時金の詳細については後述します。

■ 月額利用料が必要になる

　有料老人ホームに入居すると通常、1か月ごとに支払う月額利用料金がかかります。有料老人ホームの中には、家賃相当分として入居一時金を受け取り、その後の月々の家賃は取らないというところもありますが、介護スタッフに対する賃金や、食費、風呂、電気などにかかる光熱水費といった費用がかかるため、月額利用料金の支払いが必要になるのです。
　入居一時金がない、もしくは低く設定されている施設では、家賃に相当する額も月額利用料に上乗せされるため、月額利用料が高めになります。月額利用料は、平均すると20万円ぐらいですが、老人ホームの存在する地域によっても金額は異なります。実際のところ入居一時

金や月額利用料金の金額は地域によって差があり、関東や近畿が高い傾向にあるようです。

■■ その他の費用とはどんなものか

　ホームで生活するために必要な月額利用料は、入居者全員が負担することになる費用ですが、その他にも個々の事情によって必要になる費用があります。たとえば生け花やカラオケなどのクラブに入会する場合、入会費や参加費などが必要になりますし、通院や買い物の付き添いを頼む場合はその分の費用がかかります。この他、「決まった回数の掃除やシーツ交換を上乗せして行ってほしい」「通常の食事に好みのものを一品加えてほしい」などの希望がある場合には、その費用も自己負担になります。

■■ 介護上乗せ費用について

　介護が必要な状態になると、月額利用料に加えて介護サービス費の負担が必要になります。

■ 有料老人ホームにかかる主な費用

項　目	費用の内容と注意点
入居申込金	部屋の予約の際に要求されることがあるが、不当に高額の場合には入居を再検討した方がよい。
入居一時金	家賃や共有部分の利用権を取得するための費用。1000万円を超えることもあるので途中で退去した場合の取扱いを聞いておくこと。
月額利用料	家賃・食費・管理費の３つをあわせたもの。光熱費や電話代の支払いが別途必要になるのかについて確認すること。
介護関連費用	介護保険の自己負担部分やオムツ代。介護保険のきかないサービスを受けた場合にはその費用。
個別のサービス料	老人ホーム内でのイベントやレクリエーションに参加する場合にかかる費用。

介護保険が適用される介護サービスの場合、利用者は介護サービス費の1割を負担すればよいわけですが、看護師や介護士について、最低基準以上の人数を配置しているホームの場合、これに加えて「介護上乗せ費用」がかかることがあります。

　介護上乗せ費用とは、介護保険の給付分を超えて必要になる人件費などの費用のことです。配置された看護師や介護士は、ホーム全体に対して業務を行いますので、要介護者だけでなく、健康な人も介護上乗せ費用を負担することになります。この場合、生活支援サービス費などの名目が使用されることもあります。

　介護上乗せ費用については、月額利用料に含まれる場合もあれば、入居時に一括して支払う場合もあります。また、要介護度によって金額に差があるところもあれば、一律定額のところもありますので、内訳を確認しておくべきでしょう。

■ **スタッフの配置と介護上乗せ費用**

| 要介護者3人につき介護職員1人 | → | 介護保険給付内での介護サービスを提供する |

↓ 指定基準を上回る人員を配置

| 要介護者2.5人に対して介護職員1人 要介護者2人に対して介護職員1人　　など | → | 介護保険給付ではカバーできない介護費用について介護上乗せ費用が入居者に請求される可能性がある |

3 契約前に十分確認することが重要

入居一時金をめぐる問題について知っておこう

■■ 入居一時金とは

　入居一時金とは、施設に居住する権利を取得するための費用です。

　賃貸マンションでいうところの礼金にあたり、入居時に一括して支払うことになります。賃貸マンションでは、礼金を払った後も継続して家賃を支払うことが必要ですが、有料老人ホームでは、入居一時金を払うことで、家賃を支払わなくてよくなるホームもあります。家賃に相当する額を、前払いで支払っていると考えればよいでしょう。入居一時金の金額は、0円のホームから1000万円を超えるホームまでさまざまです。

■■ 入居一時金をめぐるトラブルはなぜ起こったのか

　これまで、介護施設と利用者との間では、入居一時金をめぐるトラブルが頻繁に起こっていました。たとえば、入居型の介護施設において、いったん入居すると、仮に数か月間の間に退所したとしても、支払った金額の多くが償却され、返還に応じないという事業者が多くありました。

　それは、入居一時金について、事業者側が施設利用権取得のための金額（一般に権利金といわれます）であったり、施設の設置費用に賄う費用であると認識していることに起因していました。

　そのため、施設によっては高額な入居一時金の支払いが求められる利用者は、わずか数か月間しか施設を利用していないにもかかわらず、支払った費用のほとんどすべてを施設側から返還されず、いわば泣き寝入りしなければならない状態に陥っていたのです。

法改正によってどうなったのか

　利用者にとって入居一時金をめぐるトラブルが重大であることから、事業者が受領できる入居一時金等の前払金は、「家賃、敷金及び介護等その他の日常生活上必要な便宜の供与の対価」とされ、「権利金その他の金品」名目での受領は禁止されています（老人福祉法29条6項）。

　つまり、たとえば認知症対応型老人共同生活援助事業を行う事業者や、有料老人ホームの設置者は、家賃、敷金・介護等その他の日常生活上必要なサービス等の対価として受領する費用を除き、権利金その他の金品を受領することができません。

　これによって、たとえば入居後、比較的短期間のうちに利用者が退所するような場合に、従来、償却期間経過を理由に事業者が返還を拒んでいた、入居一時金の返還について、事業者は返還に応じなければなりません。

　また、入居日から厚生労働省令で定める一定の期間を経過する日までの間に契約が解除され、または、入居者の死亡により終了した場合には、前払金の額から厚生労働省令で定める方法により算定される額を控除した額に相当する額を返還する、という内容の契約を結ぶことが義務付けられています。

今後どのような点に注意すべきか

　入居一時金をめぐっては、従来からさまざまなトラブルが生じています。

　利用者側は、後になって泣き寝入りしなければならない事態にならないように、介護施設利用契約に先立ち入居一時金の意味合いや月額利用料金との関係を把握しておく必要があります。

　たとえば、有料老人ホームの中には、一時金方式をとらず、入居一時金をゼロに設定しているところがあります。ただし、入居一時金をゼロにしているところでは、その分月額利用料金が高くなっています。

このしくみは月払い方式と呼ばれています。月払い方式にした場合の月額利用料金は、平均で20〜30万円程度が相場です。ただし、月払い方式は、誰でも利用できる制度ではなく、有料老人ホームに入居した地点で要介護認定を受けている人のみが利用できる料金支払方式です。一見すると、利用者が得するように見える月払い方式ですが、トータルで支払うお金が減るとは限りません。実際はホームに長くいればいるほど、月払い方式の方が負担は大きくなります。

　結局のところ、入居一時金ゼロといっても、月額利用料金が高くなっているため、トータルで見れば入居一時金と同等もしくはそれ以上のお金を請求されることもありますので、事業者側としては、入居期間によって利用者が負担する金額について、ある程度明らかにすることが望ましいといえます。

■■ 入居一時金は戻ることもある

　入居した有料老人ホームを短期間で退去する場合、支払った高額の入居一時金は、かつては初期償却を理由に、ほとんどが返還されないという扱いが行われてきました。しかし、老人福祉法が改正され、入居一時金について、初期償却制度をとることは禁止されていますので、償却期間に応じて、変換が行われます。償却期間は、数年から20年程度が相場です。たとえば償却期間が10年のホームに1000万円の入居一時金を支払って入居し、3年で退居したという場合、1年に100万円ずつ償却されますが、3年後には700万円の返還を受けることができるわけです。

　なお、有料老人ホームの場合、入居から90日以内であれば無条件に解約でき、入居一時金などの前払金は、滞在期間中の食費や居室利用料などの費用を除いて全額返還されるという短期解約特例（クーリング・オフ）の制度を設けるよう、厚生労働省が指導しています。この制度について、パンフレットなどに記載がない場合、悪質な業者であ

る可能性がありますので、必ず確認しておきましょう。

　クーリング・オフのしかたや支払った金銭の返還方法など、具体的な手続きについては、パンフレットや施設の規則などの記載を確認の上、ホームの職員に問い合わせてみるのがよいでしょう。

■ 介護施設が倒産した場合にはどうなる

　介護施設を利用している期間中に、介護施設が倒産した場合には、入居一時金はどのように扱われるのでしょうか。たとえば有料ホームが倒産した場合なども、途中退居と同じように入居一時金の一部が戻ってきます。

　なお、平成18年4月1日以降に設置された有料老人ホームについては倒産などの事態に備えて1人500万円までの前払金の保全措置（ホームが倒産した場合に備えて資金を蓄えておくこと）を取ることが義務付けられています。一方それ以前に設置された老人ホームについてはそのような措置をとっていないこともあるので、この点についてもあらかじめ調べておく必要があります。

■ クーリング・オフを定める条項

> 第○条　入居者退去時返還金の算出基準日から90日以内に入居契約の解約を申し出た場合には、居室が明け渡されたときに、事業者が受領した金額から以下の金額を差し引いた全額を無利息で返還する。
> 　① 明渡日までの利用の対価として1日○○○円
> 　② 居室の原状回復のための費用

契約書にこのような条項があるかをよく確認すること！

第4章 ◆ 有料老人ホームに入るには

4 請求書をほったらかしにせずしっかりと確認する

請求される実費について知っておこう

■■ 請求される実費にはどんなものがあるのか

　月額利用料金は初期契約の段階でしっかりと説明されますが、別の実費請求の細かい中身までは説明されません。実費請求は思いもよらない高額になることもあります。

　実費請求の中で最も金額が大きくなるのは、介護用品費であるといわれています。老人ホームにおける介護用品費の代表例はオムツ代のことです。ホーム指定のオムツを使うときは、その使用料金を請求されます。ホームによっては使用した分だけ請求する場合と、セットで請求する場合があるようです。オムツ代だけであれば１か月に１～２万円が相場のようです。したがって、オムツ代以外には特に費用がかかっていないのに不当に高い費用を請求された場合には、老人ホーム側に具体的な事情を聞く必要があるでしょう。

　実費請求の中でオムツ代の次に大きくなるのが日用品費であると言われています。日用品というのは、タオル、石けん、歯ブラシ、ティッシュペーパー、トイレットペーパーなど、通常の日常生活ではたいしてお金のかからないものです。

　こういった日用品は、ホームのものを使うよりも、自分で持ち込んだ方が費用を安く抑えることができます。ただ、ホームによっては「○○は持ち込み可能だが、○○は持ち込んではいけない」といった詳細な規定が設けられているところもあるので、事前に確認するようにしましょう。

■ 入院して不在にした場合にも費用はかかる

　入院してホームを不在にしている場合でも、ホームの管理費は請求されます。入院中でも部屋はしっかりと維持管理されているからです。不在中は介護保険の自己負担分は支払わなくてよいのですが、光熱費や家賃相当額は原則として支払わなければなりません。老人ホーム入居中に入院してしまうと、入院費とホーム利用料の両方を支払うことになります。

■ 消費税のことも考えておく

　実費請求の中で、見逃されがちなのが消費税です。家賃相当額のみを非課税、食費のみを非課税にするホームもあれば、すべてに課税するホームもあります。消費税の徴収は、ホームによってバラバラのようです。現在の消費税は8％ですが、将来的（平成31年10月予定）には10％への増税が予想されていますので、実費請求が消費税込みなのかそうでないのかはしっかりと確認する必要があります。ホーム側からもらう重要事項説明書（166〜167ページ）に「家賃相当額は非課税、食費は課税」といったことが必ず記載されているはずです。実費請求書と照らし合わせてみましょう。

■ 実費の請求書サンプル

利用料請求書

平成23年〇月分の規定外費用として以下の金額をご請求致しますので平成23年〇月〇日までに下記金額をお支払いください。

項目	金額
オムツ代	15,000円
クリーニング費	3,000円
理美容費	4,200円
ベッドメイキング費	3,150円
合計	25,350円

5 経営者によってホームの雰囲気は大きく変わる

有料老人ホームはどんな業者が経営しているのか

■■ さまざまな業界が老人ホームの経営に参入している

　有料老人ホームは、主に民間企業によって運営されています。介護保険制度が導入された平成12年4月以降、さまざまな業種の企業が介護業界に参入してきました。

　厚生労働省が公表している社会福祉施設等調査結果の概況によると、有料老人ホームの設置数やホームの所在者数は右肩上がりに上昇しています。平成12年に350施設であった有料老人ホームは、平成26年には9632施設にまで増加しており、14年間で設置数が30倍弱になったということになります。

　さまざまな業界の企業が老人ホームの運営に参加し、介護は今やビジネスになっているといえるでしょう。具体的に有料老人ホームの運営会社やその親会社を調べてみると、金融系、不動産・建築系、生保系、宗教系、病院系、飲食系、教育系、セキュリティ系など、さまざまな業種の企業が参入していることがわかります。国内の企業だけでなく、外資系の企業が運営している有料老人ホームもあります。運営の理念を見ると、不動産・建築系であれば「バリアフリー建築のノウハウを生かす」、飲食系であれば「食事の楽しみを大切にする」というように、本業の業種の特色が反映されていることが多いようです。実際に運営会社のホームページなどを閲覧してみるのがよいでしょう。ただし、ホームを実際に運営しているのは施設長やスタッフですから、売り文句だけをうのみにせず、必ず見学して自分の目で確かめてみましょう（174ページ）。

■ どんな人たちが運営しているのか

「老人ホーム」というと、公的機関や社会福祉法人などが運営しているものと思われがちです。たしかに特別養護老人ホームなどの介護保険施設はその通りなのですが、有料老人ホームの多くは民間の株式会社やNPO法人などが運営しています。しかも、その事業者の本業は介護や医療といった分野だけではなく、建設業者や飲食業、ホテル業、金融業などさまざまです。もちろん、介護や医療の分野のホームがよくて、他のところは問題があるということではありません。他分野から参入してきた事業者の中にも、高い理念と熱い思いを持ち、入居者の老後の生活をよりよいものにしようとホーム運営をしているところがたくさんあります。ただ、自分や家族の生活を預ける場になるわけですから、立地や外観といった部分だけでなく、運営者がどういう人たちなのか、どんな思想のもとにホーム運営を行っているのかということは知っておくべきでしょう。

経営母体が民間企業の場合、老人ホームの運営によって利益を上げる必要があります。そのため、大企業であればあるほど経営が安定していて安心できる、というイメージがあるかもしれません。

■ 運営母体のチェックポイント

●チェックポイント
・民間運営か、公益法人運営か
・経営状態は安定しているか
・古参か新規参入か
・運営しているのは子会社か
・他にどのような事業を展開しているか

ホーム自体だけでなく、運営母体の調査が必要！

たしかに、倒産するリスクは大企業の方が少ないでしょうし、いくつも施設を持っている企業であれば、希望施設に空きがなくてもひとまず他の施設に入居できる、といった臨機応変な対応も期待できます。

ただ、大企業の場合、介護事業の採算が見合わないと介護の事業だけを別の会社へ売却するということも考えられます。したがって大企業が運営しているからといって必ずしも安定は約束されません。そのため、決算書（次ページ）のチェックによって経営が安定しているかどうか、採算がとれているか、入居者が集まっているか、事業の継続が見込まれるかどうかといった点を見定めることが必要になります。

▉ 経営者がどんな人かが重要

有料老人ホームには、資格を持った介護士や看護師、生活相談員や機能訓練指導員といった職員が配置されています。この他にも、食事を準備する調理員や、清掃員など、たくさんの人が働いています。どんなにすばらしい環境で、充実した設備が整っていても、施設で働く職員にやる気がなかったり、機械的にノルマをこなすような形で業務を行っているようでは、入居者は心豊かな生活を送ることはできません。ホームで働くたくさんの人たちが、いきいきと笑顔で仕事に取り組んでいることが必要なのです。

また、ホームの経営者の人物像を知ることも重要です。経営者が利益優先で人件費をできるだけ削ろうとしている場合、また、高い理念を持っているものの、現場の不満や苦労を理解せず、採算を度外視して自分の理想を押しつけるような人である場合、職員はついて行けず、ホームの経営も成り立たなくなってしまいます。有料老人ホームを選ぶ際には、できれば施設長や運営者に会い、どのような方針でホームを運営しているのかを聞いてみるとよいでしょう（184ページ）。

6 情報公開がどの程度行われているかチェックする

有料老人ホームの経営状態をチェックしてみよう

■■ 安定した経営をしているかどうかをチェックする

　金銭面で苦労しないために、あらかじめ経営主体の経営状況を調べておくことが必要です。このために役に立つのが老人ホームの経営状態を示した決算書（一定期間の経営実績や財産状態を示した書類のこと）です。決算書は財務諸表、計算書類と呼ばれることもあります。

　老人ホームに見学に訪れた際にはパンフレット、重要事項説明書と共に、老人ホームの決算書の閲覧を頼んでみましょう。

　有料老人ホームの経営にあたっての注意事項をまとめた厚生労働省の有料老人ホームの設置運営標準指導指針では、入居予定者への決算書の交付について配慮するように求めています。多くの都道府県でもこの指針に沿って決算書の情報開示を定めているので、見学の際には交付を要求することは当然のことです。

　なお、上場企業であれば決算書の代わりに決算短信（決算の確定前に公表される決算の速報のこと）を見ることによって運営企業の経営状態を把握することもできます。決算短信は企業のホームページなどで誰でも閲覧できますから、ぜひこれを利用したいものです。

■■ 事業者のどこをチェックすればよいのか

　有料老人ホームを選ぶ際には、どうしても立地や設備、サービス内容や入居者の雰囲気など、日常生活に直結する点に目がいきがちです。もちろんそれは重要なチェックポイントなのですが、その前にまず、そのホームが長く維持できるかどうか、つまり経営状態をチェックしておくことが重要です。今現在がどんなにすばらしいホームでも、2

年後3年後に経営破綻してしまっては意味がないからです。

　ホームの経営状態を知るためにはまず、ホームがどの程度情報公開をしているかを調べてみましょう。最近はホームページ上で事業者情報や収支状況といった情報を公開しているところもありますし、問い合わせをすればある程度回答をしてくれるはずです。なお、必要な情報をすぐに得られる状態にしていないホームは、その時点で問題ありと考えても差し支えありません。具体的にチェックすべきポイントとしては、次のようなものが挙げられます。

① **事業者情報**

　有料老人ホームの場合、ホーム名をそのまま事業者名とし、運営もそこで行っているという単体型のところと、グループ企業の中のひとつとして有料老人ホームを運営しているという複合型のところがあります。したがって、ホームそのものの代表者名、所在地、事業者の形態（株式会社、社会福祉法人、NPO法人、医療法人など）、設立年月日、資本金、運営理念といった情報はもちろん、親会社の業種や主要株主、メインバンク、有料老人ホーム運営に至った経緯といったことも知っておく必要があります。

② **財務諸表**

　そのホームの経営状態を知るためには、貸借対照表や損益計算書などの財務諸表を見るのが一番です。上場企業が運営主体であれば、財務諸表は一般に公開されていますし、非上場でも公開しているところもあります。一般公開していない場合は、事業者に提示を求めてみてください。

　財務諸表を見ることができた場合には、営業収入が伸びているか、自己資本比率がどの程度かといったことをチェックしておきましょう。

▰▰重要事項説明書の提出は義務付けられている

　ある程度入居したい老人ホームを絞り込んだら、さらに詳細な情報

を得るために入手したいものがあります。それが**重要事項説明書**です。重要事項説明書は、ホームに関する情報が正確かつ詳細に記されたもので、全国共通の様式で作成されています。具体的には次のような項目を記載します。

・事業主体概要
　事業主体の名称、代表者名、所在地、設立年月日、連絡先、主な実施事業など

・有料老人ホーム事業の概要
　施設の名称、所在地、連絡先、管理者名、施設類型、介護保険事業者番号、事業所の指定日など

・建物概要
　敷地面積、延床面積、耐火構造、所有関係、居室の状況など

・職員体制
　職種別従業者の人数、有資格者数、常勤換算後の人数、夜勤職員数、前年度1年間の採用数・退職者数など

・サービスの内容
　全体の方針、提供される介護サービス、生活支援サービス等の内容、医療連携、入居に関する要件など

・入居者の状況
　入居者の実数、要介護者数、前年度の退去者数など

・利用料金（支払い方法）
　居住の権利形態、支払い方式、前払金（入居一時金）、返還金の算定方法、初期償却率、利用料金の代表的なプランなど

・苦情・事故等に関する体制
　苦情窓口の名称、電話番号、損害賠償責任保険の加入状況など

・入居希望者への事前の情報開示
　入居契約書・管理規定・事業収支計画書等の公開状況

これらの情報のうち、経営状態という面から特にチェックしたいのが、入居率と前年度の退去者数、前年度の退職者数です。設立して2年を過ぎても入居率が7割に満たないというホームは、経営状態が悪化している可能性があります。また、前年度の退去者や退職者が極端に多い場合、経営者の運営手腕や方針に問題があると思われますので注意してください。

　なお、有料老人ホームには、入居者や入居希望者から重要事項説明書の提出を要求された場合、これに応じる義務があります。「今作成中です」「契約者にしかお渡ししていません」などと言って、提出を拒否するホームは、信用に値しないと見てよいでしょう。

■ 決算書（決算短信）の見方

(1) 連結経営成績

〔売上高・営業利益の増減をチェックする〕
〔営業利益の割合で運営企業の営業力を判断する〕

（％表示は対前期増減率）

	売上高	営業利益	経常利益	当期純利益
	百万円 ％	百万円 ％	百万円 ％	百万円 ％
20年3月期	113,327 △2.5	2,317 △39.8	2,117 △57.5	836 △59.5
19年3月期	116,265 12.3	3,850 △3.9	4,985 △4.7	2,065 △2.5

	1株当たり当期純利益	潜在株式調整後1株当たり当期純利益	自己資本当期純利益率	総資産経常利益率	売上高営業利益率
	円 銭	円 銭	％	％	％
20年3月期	18.35	―	3.5	4.9	2.0
19年3月期	50.93	―	4.8	6.2	3.3

（参考）持分法投資損益　20年3月期 ― 百万円　19年3月期 ― 百万円

(2) 連結財政状態

	総資産	純資産	自己資本比率	1株当たり純資産
	百万円	百万	円 ％	円 銭
20年3月期	81,223	42,365	57.2	1,689.10
19年3月期	86,721	45,159	52.9	1,629.74

（参考）自己資本　20年3月期　42,365百万円　19年3月期　45,159百万円

〔自己資本比率が高い方が企業の財務体質が安定しているといえる〕

7 入居者の権利と安全を守るための義務が課せられている

事業者に義務付けられていること

■■ 開示が義務付けられている事項

　老人福祉法などの法律では、有料老人ホームの事業者に対し、さまざまな義務を課しています。料金体系などが複雑で、専門用語が多く、一般の人には理解しづらい有料老人ホームとの契約をめぐっては、これまでたくさんのトラブルが発生しているからです。

　義務の内容としてはホームに関する情報開示が挙げられます。具体的には、①設置主体、②入居定員、入居者数（入居見込み者数）、③費用（入居一時金とその内訳、月額利用料とその内訳）、④職員体制（人数、入居者一人に対する職員の配置数、有資格者の人数など）、⑤設備内容（居室面積、設備、共用施設の内容など）、⑥解約時の返還金算出方式などが記載された書面（重要事項説明書）を交付することが求められています。

■■ 入居一時金など前払金を保全する

　前払金を支払ったにもかかわらず、入居前にホームが倒産してしまい、前払金の返還を受けられないといったトラブルを防ぐため、2006年4月以降に開設される有料老人ホームについては、前払金の保全措置をすることが義務付けられています。保全の限度額は500万円か、未償却期間についての残高の低い方で、その方法としては基金制度を利用してプールする、金融機関と保証契約を結ぶといったことが考えられます。

　なお、2006年4月以前に開設したホームであっても、保全措置を取っているホームはありますので、確認しておくとよいでしょう。

■ クーリング・オフについて

　せっかく有料老人ホームに入居しても、短期間で退居せざるを得ない事があります。たとえば入居してみないとわからない部分で納得がいかなかったり、入居してすぐに体調を崩してしまったというような場合です。短期の入居にもかかわらず、契約時に支払った入居一時金のほとんどが返ってこないということになると、入居者は安心して契約を締結することができません。そこで、このようなトラブルの発生を防止するため、契約締結日からおおむね90日以内であれば、契約を解除することができるという、クーリング・オフ（158〜159ページ）が認められています。これは、期間内の契約解除であれば実際に利用した利用料や原状回復費といった実費を除き、入居一時金が全額返還されるという制度です。ただし、クーリング・オフ時に入居一時金から差し引かれる実費の額をいくらにするかといったことはホームごとに異なってきますので、事前に確認しておくとよいでしょう。

■ 記録や帳簿の保存

　この他、設置者に対しては、記録や帳簿を2年間保存しなければならないという義務が課せられています（老人福祉法施行規則20条の6）。記録を残すことが健全な運営につながる他、何らかの問題が生じたときの調査に役立てることができるからです。
　具体的には、次のような記録を残すよう求められています。
① 　入居者が負担する費用の受領の記録
② 　入居者に提供した生活支援や介護などのサービス内容
③ 　入居者やその家族からの苦情の内容
④ 　事故が発生した場合の状況と対処の内容
⑤ 　やむを得ず身体拘束を行った場合の理由や状況

8 パンフレットの見栄えに騙されないように注意すること

パンフレットの見方を知っておこう

■■ 怪しいパンフレットもある

　老人ホームを選ぶ際には、いくつかの候補を挙げてパンフレットを取り寄せ、これを比較検討するのが通常です。しかしパンフレットにはホームの表面的なことしか記載されていないのが通常ですから、パンフレットだけでその老人ホームが信頼できる施設かどうかを判断するのはなかなか難しいものです。

　パンフレットに掲載されているホームの居室の写真が気に入ったから選んだものの、実際に入所してみたら写真とは全然違う部屋に入れられた、といったような苦情も頻繁に聞かれます。また、居室が個室だと思っていたのに実際には共同部屋に仕切りをつけて区切っているだけ、という場合もあります。そのため、パンフレットの表現には十分注意する必要があるでしょう。

■■ 介護という表現にはワナがある

　パンフレットに記載されている文字の中で最も注意したいのが「介護」という言葉です。老人ホームの入居希望者としては、最も関心のある問題が介護です。入所する際には介護の必要がない高齢者でも、数か月後、数年後には要介護の状態になるのが通常ですのでホームを選ぶ際には、以下の点についてしっかりチェックしなければなりません。

① 　特定施設入居者生活介護の指定の有無

　この指定を受けていないホームでは介護保険上のサービスを利用することができませんので注意が必要です。「○○県指定介護保険特定施設」と明記していないのに「介護付き」と表示している場合は怪し

いと思った方がよいでしょう。
② 終身介護が受けられるかどうか
　パンフレットに「終身介護」と記載されていても、実際には退去を求められるケースもあるので要注意です。たとえば認知症が悪化してきてトラブルを多く起こすようになった場合なども続けてそのホームで介護を受けることができるのか、それとも退去しなければならないのかなどは見学の際の質問や書面でよく確認しておきます。
③ 要介護度が変わっても同じサービスを受けられるかどうか
　年数を経るに従って要介護度が変わるような場合に、居室を移動される可能性もあります。この際に、たとえ別室でも契約時と同レベルの居室であれば問題はありませんが、個室から共同部屋に移されるなど、扱いが劣化するにもかかわらず料金が変わらない場合は問題があります。これらの点についてもあらかじめよく確認しておかなければなりません。
④ 介護サービスの提供者
　パンフレットでは「介護付き」と記載されていても、ホーム自体はサービスを提供せずに外部スタッフが介護を担当するケースもよくあることです。誰が介護サービスを提供するのかをはっきり確認しておきましょう。ホームで介護サービスを提供していない場合には外部サービスを利用することになりますが、その際に別途料金がかかるケースが多いので注意が必要です。また、ホームのスタッフが介護を提供する場合でも、看護・介護スタッフが何人常勤しているか、夜間の体制はきちんと整っているか、などもしっかりチェックします。パンフレットの記載があいまいな場合は、疑問点をリストアップしておいて見学時などに質問をするとよいでしょう。

■■24時間対応は本当なのか

　「24時間」も勘違いしやすい表現です。「24時間対応で安心」などと

パンフレットにはよく書かれていますが、ここで注意したいのは、24時間対応する人が「誰」なのか、ということです。1日24時間、職員が常駐していることは老人ホームの基本です。

しかし、ホーム職員は医師でもなければ看護師でもないことが通常です。たとえ介護職員が24時間常駐しているとしても、介護職員は経管栄養（チューブを用いて栄養を送ること）の器具の設置や清浄、注射などの看護師の仕事を代行することはできません。このため、たとえば夜間に緊急措置が必要になった場合に介護職員が行えるのは医師や看護師に連絡をとることだけです。医師や看護師が到着する前に取り返しのつかない状況に陥ってしまう可能性もあるわけですから、できれば看護師が24時間常駐しているホームを選ぶべきです。

また、「施設内クリニックが24時間対応しています」と書かれているパンフレットもよく見かけますが、施設内クリニックの経営者がホームの経営主体と同一かどうかはチェックする必要があるでしょう。別の経営者が入っている場合、医師や看護師が常駐しているのはクリニックの営業時間だけということもありますから、必ずチェックを入れておきましょう。いくらクリニックが施設内にあっても、夜間は看護師が1人も待機していないのではクリニックのない有料老人ホームと変わらないといえます。

■ パンフレットのあいまいな表現

<u>介護付き</u>
どういう意味で「介護」なのか。介護保険法上の「特定施設入居者生活介護」の指定を受けているのかを確認すること！

<u>スタッフが24時間対応</u>
医師や看護師も含めて24時間常駐しているのか、スタッフには外部スタッフも含まれるのかを確認すること！

第4章 ◆ 有料老人ホームに入るには

9 パンフレットだけで入居を決めない

まずは情報収集から始めよう

■■ 建物や周辺環境は現地に行かないとわからない

　いくらパンフレットなどの資料を詳しく検討しても、実際の老人ホームの概要をすべて知ることは不可能です。「百聞は一見にしかず」と言われる通り、実際にホームを見学してパンフレットの記載内容と落差がないかどうかを本人の目で確認する必要があるでしょう。

　パンフレットに掲載されている写真では真新しく見えた施設の建物も、数年前の写真をそのまま掲載しているため、実際に目で確かめてみたらかなり老朽化が進んでいたというケースもよく聞かれます。また、一つの建物を老人ホームと他の施設が共用しているのにパンフレットには何も明記されていなかった、というケースもあります。

　建物の周辺環境をめぐるトラブルとしては、パンフレットには「緑の多い静かな住宅街に位置する」と記載されているにもかかわらず、現実には交通量の多い高速道路に隣接して建っており、騒音がひどいと言うこともあり得ます。

　ホーム職員についても、電話や受付の応対は感じがよくても実際に入居者に接する職員はまるきり違うタイプの人だった、ということもあり得ますから注意が必要です。なるべく入居者が食事している時間などをねらって見学に行くと、そのホームの実態がわかると思います。

　いくつかの老人ホームをパンフレット上で検討し、候補を数か所に絞った段階で実地見学を行い、その時に疑問点なども解明すれば後々のトラブルを避けることができます。有料老人ホームは長年にわたって利用される生活の場ですから、トラブルなどがあっては快適な生活は到底望めません。そのため、自身の健康状態を把握して、入居する

施設の情報を収集する作業が必要になるのです。

■ 従業員や営業担当者の説明はあてにならないこともある

　老人ホームを選択する際に、従業員の説明には十分気を付けましょう。調子のよすぎる従業員や営業担当者には注意が必要です。何を質問しても「大丈夫です」「ご安心ください」「おまかせください」と答える営業担当者のいる老人ホームよりも、むしろ、「ここまではできますが○○はできません」とはっきりと言ってくれる人の方が一般的には信頼できます。

　また、有料老人ホームの営業担当者は営業のプロではあっても介護のプロではありません。ですから、介護に関する詳しい内容はホームの介護職員に直接尋ねます。見学に行くと、その段階ですぐに契約を迫る営業担当者がいるかもしれませんが、その強引な口車に乗ってしまわないで、賢いホーム選びをしなければなりません。数か所のホームを見学し、最も納得のいく一か所を決めるのが理想的な方法ですから、「今日契約しなければ次の方に回します」といったような営業担当者の言いなりになるのは避けましょう。

　さらに、営業担当者には個人情報を必要最低限の範囲で知らせるようにしましょう。うっかり電話番号や入居希望者の氏名などを知らせてしまうと、後からしつこい電話攻撃に合うといった弊害もあり得ます。特に本人に知らせずに家族が有料老人ホームを探しているような場合、営業担当者が直接本人に電話をして話をこじらせてしまうといったトラブルも予想されます。

■ 正確な情報を集めよう

　老人ホームを選ぶにあたっては、公平で正確な情報を集めることを心がけます。ホームのパンフレットには長所だけが誇張されて書かれていることが多いので、できるだけ第三者の観点で記述された情報を

収集します。情報収集には以下のような方法があります。

① **インターネットを活用する**

各都道府県のホームページで「医療・福祉」や「介護」などのページに進み、有料老人ホームの所在地リストを探します。また、介護施設についての情報を提供している介護サービス情報公表システム（http://www.espa-shiencenter.org/preflist.html）でも介護施設のさまざまな情報が検索できるようになっています。

② **地方自治体の役所で資料を請求する**

役所では老人ホーム一般に関する情報を取り扱っています。入居だけでなく、介護サービスも必要な場合には介護保険についての情報も入手する必要があります。

ただ、都道府県や市区町村の担当課は、資料の提供をしてくれることはありますが、「ここは悪質な所ですからやめた方がよいですよ」という具体的な助言はしてくれません。最終的には本人と家族が目と耳で確認し、判断を下さなければなりません。

③ **電話相談や見学を利用する**

実際に自分の目で見たり、勤務している人の話を聞いたりすることでより正確な情報を集めることができます。

■ **老人ホームについての情報の収集手段**

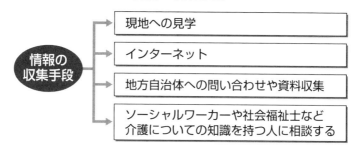

④ ソーシャルワーカーやケアマネジャーに相談する

情報収集の際には社会福祉や介護事業の専門家であるソーシャルワーカーやケアマネジャーに相談するという方法もあります。

ただ、彼らは介護保険や社会福祉一般の知識は持ち合わせていても、老人ホームの専門家ではありません。ケアマネジャーにしても、本来の仕事は在宅支援の介護です。したがって相談する場合であっても、あくまでも参考意見として話を聞く程度にとどめておいた方がよいでしょう。

■■ 入居者の状況をチェックする

近所付き合いが重要なのは、地域で生活するのも、有料老人ホームで生活するのも同じです。入居一時金として高額の費用を支払っていることや、狭い範囲内で生活することなどを考えると、ホーム内での人間関係は、むしろ地域で生活する以上に重要になります。

本当に気の合う人と出会えるかどうかは、実際に入居してみなければわからないかもしれませんが、重要事項説明書から得られる情報や、見学に行ったときの雰囲気などでも、ある程度のことを知ることはで

■ 資料収集する上での注意点

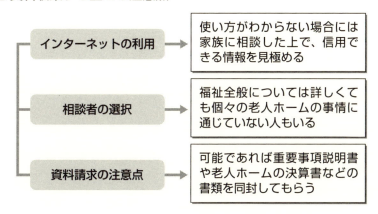

きます。たとえば次のような点をチェックして、入居者の状況を把握しておくべきでしょう。

① 年齢層

有料老人ホームはおおむね65歳から100歳以上まで、幅広い年齢層の人が入居できるため、平均年齢だけでなく、どの年齢層の人が多いかを知っておく方がよいでしょう。

② 要介護度

健康な状態で入居する場合、他の入居者の要介護度が高いと一緒にレクリエーションを楽しんだり、クラブ活動をするといったことができないことがあります。

③ 世帯構成

単身者が多いか、夫婦世帯が多いか、男女比はどうかといったことによっても、ホームの雰囲気が違ってきます。

■■契約前にこれだけはチェックしておこう

さまざまな方法で情報を集め、いよいよ「このホームにしよう」と決めたら、最後にもう一度次のような点をチェックしてください。

・入居一時金の初期償却率と償却期間、返還金の算定方式、保全措置、短期解約特例（クーリング・オフ）制度の有無
・月額利用料の内訳
・退居・転居の条件
・苦情受付窓口の設置の有無

ホーム側はそろそろ決めてくれそうだなと思ったら「今契約すれば入居一時金を値引きする」「最後の1邸で、もう1人気に入ってくれている人がいる」などとセールスをかけてくるかもしれませんが、焦って契約することはありません。できれば自分一人で決めず、家族や専門家と一緒にポイントをチェックし直した方がよいでしょう。

10 本人と家族が一緒に行くのが理想である

契約する前に必ず見学に行こう

■ 見学に行けば実態がわかる

　パンフレットを見るだけでは老人ホームの良し悪しはわかりません。パンフレットには美しい写真を掲載しているのに、実際見学に行ってみると、施設が古く、汚くなっていた事例もあります。老人ホームを選ぶ前には必ず見学に行き、そこの実態をよく把握しておく必要があります。

　見学でより詳しく老人ホームの状況を知るために、以下の点に注意します。

① 　見学には本人も連れて行く

　入居することになる本人がその老人ホームを気に入らなければ、入居契約は控えなければなりません。また施設の欠点は、なかなか健常者では気づかない所もあります。できる限り、実際に利用者となる人と共に見学を行って、細かくチェックしておきます。

② 　家族や保護者と一緒に行く

　家族や友達など、複数で見学に行きます。数人でチェックを行うとより多くの事に気づくことができます。

③ 　複数の施設を複数回見学に行く

　一度だけの訪問では、欠点を見落としてしまう場合もありますし、たとえ同じ老人ホームでも、季節や天候によって少なからず雰囲気が変わってきます。また最近では、施設の規模や料金、サービス内容に至るまで、さまざま種類の老人ホームがあるので、できるだけたくさんの老人ホームを見学し、選択肢を広げておくことも必要でしょう。

■■ 体験入居してみる

　ホームの人に案内されて歩く表面的な見学だけでは、つかめないこともあります。たとえば時間帯による雰囲気の違いや、天候による違い、一日の流れといったものが挙げられます。老人ホームは長い時間を過ごす生活の場ですから、このようなポイントを知ることが大変重要になるのです。これを知るためには、できれば体験入居のシステムを利用して、体感するのが一番でしょう。

　体験入居の際には、三度の食事や買い物、入浴、日中の過ごし方、深夜の騒音など、これまでの日常と比較して不都合がないかどうか、入居者や職員の雰囲気はどうか、経営者の理念がホームの運営に反映されているかどうかといったことに注意して生活してみてください。

■■ 見学に行く際にはここをチェックする

　実際に老人ホームへ行く際には、周辺の状況もよく調べておきましょう。主な注意点としては以下のようなことがあります。

① 　周辺の環境

　老人ホーム周辺の環境は重要なチェックポイントです。周囲に不快な騒音がしていないか、施設が不衛生な環境の中に建っていないかということを確認しておきましょう。

② 　近場の病院

　老人ホームは介護を行う場所ではありますが、医療行為は行えません。そのため、近隣の病院と提携関係を結んでおり、万が一急病人が出た場合には、その提携先の病院で治療を受けることになります。

　なお、有料老人ホームの届出を都道府県に提出している施設であれば、協力医療機関が決まっています。見学の前には、このような老人ホームと提携している病院の調査も必ず行っておくようにしましょう。病院に関するチェックポイントとしては、病院の設備や評判はどうなっているか、希望する治療が行われているか、夜間の診療は受け付

けているかといったことが挙げられます。

③ 交通機関や立地条件

利用者が入居した後は、定期的に家族が訪問することになります。また、健康な状態で入居するのであれば、時には外出もするでしょうし、ちょっとした買い物に出かけたいということもあるでしょう。そのため、その老人ホームが電車やバスなどの交通機関を利用しやすい環境にあるか、近くにスーパーや商店があり、買い物を行いやすい場所であるか、坂道や階段が多くないか、シャトルバスなどの運行があるか、といったことについてチェックしておきます。

■■ 建物をチェックする

立地や周辺環境をチェックしたら、次は建物に目を向けましょう。内装やインテリアといったものが好みに合うかどうかも重要ですし、耐震構造になっているか、非常口などの位置はどうかといった基本的なことは当然確認しておかなければなりません。さらに、高齢になるとほんのわずかな段差や通路の広さ、浴室や食堂と居室との距離といったことが、移動の障害になることがあります。自分の目で気になる点を確認する他、車いすやつえの人が気軽に廊下を歩いているかと

■ 施設見学をする上での心構え

- ただ施設を眺めるのではなく、入居後の生活をイメージして見学する
- スタッフの表情や入居者の様子も観察する
- 気後れせず、わからないことは質問する
- 将来自分の状態が悪化した時の対応を聞く
- 体験入居の制度があるかについて質問する

いった点にも注意してください。

■■ 食事のチェックはとても大切

　食事が口に合わなかったり、ゆったり落ち着いて食べられる雰囲気ではないといった問題があると、どうしてもそこでの生活は苦痛になってきますので、必ず事前にチェックしておいてください。

　老人ホームの食事を体験するためには、できるだけ昼食や夕食などが重なる時間帯に見学を行うか、体験入居をすることです。老人ホームでの食事は、普通食だけではなく、きざみ食、流動食、糖尿病・高血圧などの病気対応食というように、入居者に合わせられたものもあるので、実際に試食して味と臭いを確認しておくのがよいでしょう。

　食事がどこで作られているかも、重要なチェックポイントです。内部にレストランを併設し、好きなものを注文して食べられるというところもありますが、残念ながら少数です。厨房を持ち、専属の調理師が毎日調理しているのであれば、ある程度好き嫌いなどにも対応してもらえますが、中には外部の業者に発注し、配達してもらっているだけというところもあります。このような場合、個々の好みに合わせてもらうのは難しいでしょう。

　また、食事にかかる料金も調べておきましょう。「食べた分だけ払う」という実費制のところも多いのですが、中には当日キャンセルは料金が必要、月額の食事料金が決まっていて食べた回数に関係なく徴収されるなどといったところもあります。

　その他食事の際にチェックしておくことは、入居者が食事をしっかり食べているかどうかという点です。食事のペースは人それぞれですが、高齢者や体が不自由な人の場合は、食べることに時間もかかってしまいます。まだ食べ終わっていないのに、食事の時間が過ぎたからといって、料理を下げるなどの行為が行われていては大変です。また、入居者の中には、一人では安全に食事を摂れない人もいます。そのよ

うな入居者に対しては、スタッフがしっかりと食事の補助や見守りを行って、安全に食事が摂れているかについての確認もしておきましょう。

■ 損害保険に加入しているか

　老人ホームでは、普通に歩いているだけでもつまづいて骨折したり、食事をのどに詰まらせるといった事故が起こりやすいことは否めません。地域で暮らしているときはそのような事故も本人や家族の責任になりますが、ホームで起こった場合はホーム側の責任が問われることになります。また、大事な思い出の品や高価な所持品を、職員が掃除の途中で壊してしまったというような事故が起こることもあります。

　ホームが起こした事故は、損害賠償という形で責任を負うことになるわけですが、その額が高額になると、ホームの経営に支障をきたすことにもなりかねません。このような事態に備え、有料老人ホーム向けの損害保険を取り扱っている保険会社もありますので、加入の有無を確認してみましょう。

■ 老人ホーム入居までの流れ

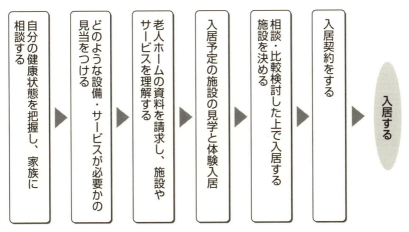

自分の健康状態を把握し、家族に相談する ▶ どのような設備・サービスが必要かの見当をつける ▶ 老人ホームの資料を請求し、施設やサービスを理解する ▶ 入居予定の施設の見学と体験入居 ▶ 相談・比較検討した上で施設を決める ▶ 入居契約をする ▶ 入居する

11 今後の生活を想定してチェックする

施設内のチェックポイントを知っておこう

■■ 最高責任者や管理者がどんな人物なのか見極める

　そのホームが利用者を大事にするところか、利益優先のところかといったことを知るためには、最高責任者や管理者の人物を見極めることが必要になります。まずは誰が最高責任者であるのかを調べましょう。施設長や支配人と呼ばれる人が最高責任者だと思うかもしれませんが、実は施設長や支配人は現場を統括する部長のような立場で、その上に全体を指揮する常務や専務のような立場の人がいる可能性があります。そのホームがよりよいホームになろうとしているかどうかは、最高責任者の熱意や信条、リーダーシップ、指導力といったものに左右されますので、できれば直接顔を合わせ、話をしてみてください。

　現場を統括する施設長や支配人がどんな人物かももちろん重要です。その人柄と手腕が、職員のモチベーションを左右し、サービスの質をよくも悪くもするからです。最高責任者がどんなに高い理想を持っていても、施設長や支配人がそれを理解していなかったり、コミュニケーション能力不足だったりするとどうにもなりません。施設長や支配人が現場に出て入居者や職員と話をしているか、介護に対する理解があるかといったこともチェックしておきましょう。

■■ 施設長やスタッフの雰囲気はどうか

　施設長とは、老人ホームの運営や管理を行う責任者です。見学の際には、ぜひ施設長と直接会話をして、施設長の人柄や、介護に対する考え方を確認しておきます。施設長としての勤続年数や、福祉業界にどれほど精通しているのかも入居する上での重要な判断ポイントとな

ります。

　また、実際老人ホームで入居者の生活を支えているのは施設に勤めるスタッフです。よい老人ホームであるかどうかは、彼らの仕事ぶりや入居者への対応が大きく影響することになります。そのため、スタッフの雰囲気や表情にも注目するとよいでしょう。

■ 職員の資格取得や離職率なども確認しておく

　入居者が最も頼りにするのは、介護などを行う職員です。自分の命を預けることにもなるわけですから、信頼できる相手でなければ困ります。信頼に足る人かどうかを知るためには、ある程度の時間が必要ですが、中にはスタッフが次々に入れかわるホームもあります。

　介護職は肉体的・精神的にも厳しい面があり、離職率の高い仕事と言われていますが、その一方で「人の役に立ちたい」という思いの強い人も多く、働く環境さえ整っていれば長く勤めたいという人も大勢います。つまり、離職率の高いホームは職員の働く環境を改善しようとしない、問題があるホームという判断ができるわけです。職員が生き生きと働けないホームでは、入居者も安心して命を預けることはできませんから、この点も必ず確認しておいてください。

　また、介護が必要な状態になると、介護福祉士や機能訓練士などの配置人数も重要な要素となります。これらの点は重要事項説明書（166〜167ページ）に記載されていますので、チェックしておきましょう。

■ 施設全体の雰囲気や環境はどうか

　老人ホームの雰囲気や環境は、実際に見学しなければわからないものです。特に需要なチェックポイントは、施設が安全であるかということと、衛生面で問題がないかということです。老人ホームなのですから、当然バリアフリーなどの、高齢者や体が不自由な人に配慮された構造になっていなければなりません。

ホームの雰囲気については、入居者の様子もしっかりと観察をしておきます。もし入居者が暗い雰囲気で、笑顔も少なければ、よいホームではないのかもしれません。また、老人ホームでの人間関係は、入居後の生活に大きな影響を与えることになりますので、可能であれば同室者と面会し、入居者に老人ホームの住み心地を尋ねておきましょう。

　なお、老人ホームによっては、お酒やタバコなどの嗜好品を持ち込みが禁止されている場合があります。施設の環境が利用者のライフスタイルに合うかどうかの確認も忘れずに行いましょう。施設の管理規程やサービス一覧表を手元において見学するとより効果的です。

■ 居室のチェックをする

　居室は最も長い時間を過ごすことになる場所ですから、細かいところもよく調べておく必要があります。ホームによっては、見学用としてモデルの居室に案内される場合もありますが、実際使われている部屋を確認しておきます。居室の見学の際には、主に以下のようなことに注意します。

① 　居室の広さ

　日常生活に不便しない程度の広さであるかどうかを確認しておきます。特に古い老人ホームでは、現在の基準以下の広さしかない場合もあります。たとえ今健康な方でも、将来車椅子を利用することになる可能性もあります。それらをふまえて、充分な広さが確保できているかは重要なチェックポイントとなります。

② 　居室の日当たりや清潔さ

　特に間取だけではわからないのが部屋の日当たりのよさや雰囲気です。スタッフがこまめに清掃を行って清潔感が保たれているかを必ず確認しておきます。また、居室の雰囲気も大切です。よくない雰囲気の部屋は、入居した後の生活も暗いものになってしまいます。なお、中には数人で一部屋を利用する老人ホームもありますが、その場合に

は、同居が予想される人の人柄も確認しておきましょう。
③ 希望している設備がそろっているか
　トイレや洗面台など、間取で確認した通りの設備が整っているか、その他、テーブルや椅子、ナースコールなどの日々の生活に必要な設備がそろっているかどうかを確認します。実際入居する人が部屋を使い、使い心地をチェックしておくことも重要です。不自由な点や問題点がある場合に、それをホーム側が改善してくれるかどうかも確認しておきましょう。

■■ 廊下やお風呂をチェックする

　廊下は雰囲気や清潔感も確認することはもちろん、特に注意したいのが、廊下の幅が充分取られているかということです。老人ホームでは車椅子の利用者も多くいるのが通常ですので、車椅子ですれ違うことができる程度の幅であることが必要です。
　老人ホームの浴槽には、一般的な浴槽である個別浴と、槽機械浴槽（介護が必要な人専門の浴槽）とがあります。ホームでより過ごしやすい生活を過ごすためには、個別浴槽がどれだけ設置されているかを調べます。また、たとえ個室に浴槽が設置されていたとしても、スタッフ不足や使い勝手の悪さから、実際には利用されない場合もあるので、浴槽が継続して使用されているかについても注意しましょう。
　その他、適切な入浴介助を行ってくれるか、入浴の回数、指定時間外の入浴の可否を調べておくことも重要です。

■■ 共用施設をチェックする

　リビングや食堂などの共用施設の広さや清潔さを調べておきます。共用施設で定期的にレクリエーションを行っている場合、そのときに見学させてもらえば実際の使い勝手などがわかりますし、入居者の雰囲気も知ることができます。

また、階段の手すりや施設内の設置されているエレベーターもよく見ておきましょう。階段については、段差が高すぎないか、階段以外の廊下にも手すりなどが設置されているかを確認します。また、手すりを使った場合のルートもしっかり確保できていなければなりません。
　エレベーターについてはストレッチャーが収まるくらいの充分な広さが確保されているかが重要なチェック項目です。また、車椅子を利用する場合は何台ほど乗れるのか、車椅子の状態でも不自由なく利用できるかということも確認しておきましょう。

■■ 共用施設をレクレーションなどに利用できるか

　有料老人ホームでの生活の楽しみのひとつに、他の入居者と共に過ごす余暇の時間があります。元気な間はホームの外に出て、習い事をしたり旅行に行ったりということも楽しめますが、足腰が弱ってきたり、介護が必要な状態になってくると、そのようなこともなかなかできなくなってしまいます。その点、有料老人ホームの中には、ホーム内でクラブ活動やレクリエーションを提供したり、入居者同士で趣味の会をするといったことをしているところもたくさんあります。共用施設の中に娯楽ルームや和室、作業室、運動ルームなどがあるか、カラオケや楽器、囲碁、将棋、マージャンなどの設備が提供されているかどうか、参加費用はどの程度かかるのかといったことをチェックしておいてください。

■■ 売店などがあるか

　日常生活を営んでいく上で必要なものをすぐに手に入れられるかどうかも、チェックしておきたいポイントです。ホーム内に病院や駅の売店のような場所があれば便利ですが、どうしても価格が高めになってしまうようですので、品ぞろえや価格も見ておきましょう。歩いて行けるところにコンビニやスーパーがあるか、買い物支援などのサー

ビスがあるか、配達注文をできるようなところがあるかといったことも、調べておくとよいでしょう。

■ ゲストルームなどがあるか

家庭の事情や自身のこだわりなどから、家族と遠く離れた場所の有料老人ホームを選ぶ場合、ゲストルームや来客用駐車場などの設備があるかどうかもチェックしておきましょう。入居者の居室に十分な広さがあればよいのですが、たいていの老人ホームは単身者用か夫婦用で、余分な布団などを置いておくスペースもあまりありません。ゲストルームがある方が、お互いに落ち着いて過ごせるでしょう。

ゲストルームがある場合は、その利用方法や料金、食事サービスを受けられるかどうかといったことも確認しておいてください。

■ 入居契約前に確認しておくこと

- □ 入居契約書
- □ 重要事項説明書
- □ 老人ホームの管理規程
- □ 施設の料金表
- □ 介護保険サービスの一覧表と利用契約書
- □ ホームの経営状態を示す決算書
- □ 施設長や支配人の熱意・指導力・人間性
- □ スタッフの雰囲気・離職状況
- □ 居室・浴室・共用施設の広さや設備
- □ 売店やゲストルームの有無

12 具体的な医療・介護体制の確認をする

提携医療機関などのチェックはとても大切である

■ どんなことをチェックすればよいのか

　有料老人ホームの多くは、「医療機関と提携」「看護師を常駐」「診療所併設」など、何らかの形で医療体制を充実させているとPRしています。ただ、その内容はホームによってかなり違いますので、具体的な内容を確認するようにしてください。たとえば次のような点がチェックすべきポイントとなります。

① **提携医療機関の所在地や診療科目、評判など**

　地域で生活しているときは、近所の評判を聞くなどしてかかりつけの医師を決めます。有料老人ホームに入居するにしても同様です。ただ医療機関と提携しているというだけで安心せず、できれば直接医療機関へ行ってどんなところなのかを確認してみましょう。特に眼科や歯科、整形外科などの診療科目があるかどうか、患者の数はどの程度かといったことは知っておくべきです。

② **提携医療機関の具体的な協力内容**

　「提携」「協力」と謳っていても、ただ単にけがや病気のときに連れていくだけということもあり得ます。定期的な健康診断などを実施しているのか、優先的に緊急対応をしてもらえるのかといった協力内容についても確認しておきましょう。

③ **提携医療機関以外の病院への通院手段**

　ホーム入居前からみてもらっているかかりつけ医があり、そこへの通院を続けたいという場合、付き添いを頼めるか、費用はどれくらいかかるのかといったことを確認してください。提携医療機関への付き添いはするが、他の病院へは家族が付き添わなければならないという

ホームもありますので、注意が必要です。

④ 看護師の勤務状況

　糖尿病のインシュリン注射や胃ろう、たんの吸引などの医療行為を業として行うことができるのは、看護師などの医療有資格者だけです。このため、看護師の勤務体制は確認しておかなければなりません。書類上は入居者3人につき1人の看護師となっていても、それはあくまで常勤換算された人数であり、24時間体制でその配置になっているわけではありません。平日日中は常駐していても、夜間や休日は不在というところが一般的ですから、不在時の対応がどうなっているのかといった点についても把握しておきましょう。

■ 提携医療機関のチェック

■■ どんな介護サービスが受けられるのかも確認する

　有料老人ホームで介護サービスを受けることになった場合、介護保険をどのような形で利用できるのかを知っておく必要があります。ホームで提供される介護サービスであれば何でも介護保険が適用されるかというと、そうではないからです。

　まず、介護保険が適用される介護サービスには、食事介助や入浴介助、排せつ介助などを行う身体介護サービスと、掃除、選択、買い物などを行う生活援助サービスがあります。これらのサービスを、要介護度に応じた月額利用料の範囲内で利用することができます。特定施設の認定を受けた介護付き有料老人ホームの場合、ホームの職員が提供するこれらのサービスに介護保険を使うことができますが、それ以外の老人ホームの場合は外部の業者と契約をして介護サービスを受ける必要があります。

　介護保険の月額利用料の範囲を超えて介護サービスを利用した場合や、介護保険適用外のサービス、たとえば旅行などの付き添いといったものを利用する場合、その費用は全額自己負担となりますので、1回の利用につきいくらかかるのかといったことを確認しておきましょう。

　また、要介護度が重くなった場合や、認知症の症状が進んで他の入居者に暴力をふるうようになった場合など、共同生活を送ることが難しい状態になった場合、系列のホームに転居を求められることもあり、状況によっては退居しなければならないというホームもあります。要介護度が重くなってからの転居は容易ではありませんので、必ずチェックしておいてください。

13 メリハリのある日常を送れるよう工夫されている

老人ホームでの1日のスケジュールを知っておこう

■ **タイムテーブルに沿って具体例で見てみよう**

　有料老人ホームに入居すると、1日の過ごし方はどのような感じなのでしょうか。もちろんその内容はホームによってかなり違ってきますが、一般的な流れはおおむね次のような形になっているようです。

```
 6：00    起床
 7：00    朝食
 9：00    バイタルチェック
10：00    体操、レクリエーション、入浴など
12：00    昼食
14：00    クラブ活動、レクリエーションなど
15：00    おやつ
18：00    夕食
21：00    就寝準備
```

① **起床**

　一応の起床時間はあるようですが、有料老人ホームの場合、無理に起こすようなことはしません。ただ、起床時の着がえや洗顔といった行為について手伝いが必要な人もいますので、ある程度時間を決めて職員が居室を回るということは行われています。この他、起床時には水分補給、排せつ介助といったことが行われます。

② **朝食・昼食・夕食**

　食事は食堂で集まって取るところが多いようです。一斉に食べ始め

るところもありますが、提供開始時間と提供終了時間だけを決めて、準備のできた人から集まってきて食事をするというところもあります。食事については、持病の有無や身体機能の状態などを考慮して、それぞれに合ったものが用意されるようになっており、必要な人には職員が介助をしてくれます。

③ **バイタルチェック**

入浴やレクリエーションの前に、看護師が体温測定や血圧測定などのバイタルチェックを行い、身体状態を確認します。

④ **入浴、体操など**

入浴は曜日や時間帯を決めて昼間に行っているところが多いようです。この他、日中の過ごし方として、認知症予防のクイズや体操などを行うホームもあります。参加は強制しない場合も多く、部屋に戻って自分の時間を過ごしたり、ロビーで入居者同士おしゃべりを楽しんだりすることもできます。

⑤ **クラブ活動、レクリエーション**

クラブ活動やレクリエーションを積極的に行っているホームもたくさんあります。内容はホームによってさまざまで、入居者同士で社交ダンスやカラオケを楽しんだり、講師を招いて絵画や陶芸の教室を開いたりするところもあります。

⑥ **おやつ**

食事の他に、おやつタイムを設けているところもあります。甘いものが好きではないという人もいるので、水分補給だけして、おやつを食べるかどうかは本人の意思に任せるという場合もあります。

⑦ **就寝準備**

有料老人ホームの場合、ほとんどが個室だということもあり、就寝時間などは特に決めていないというところも多いようです。ただ、共用スペースの消灯時間などは決められている場合があります。

このときも、着がえや排せつなどに介助が必要な人に対しては、職

員が巡回して手伝いをします。

　このように、有料老人ホームでは、できるだけ入居者が部屋に閉じこもることがないよう、食事のたびに食堂に来てもらったり、体を動かす機会を作るためにレクリエーションを用意するなどの工夫をしています。ただ、参加を無理強いするようなことはなく、比較的自由に過ごすことが認められています。

　介護が必要な状態になると、職員体制などの問題で、入浴や排せつなどを自分のタイミングでできない場合があります。このような点に関しても、事前に確認しておくとよいでしょう。

　この他、月に数回は施設の外に出かける遠足や、誕生会、ひなまつりやクリスマスといった季節ごとの行事、音楽療法、ドッグセラピーといったイベントが企画、実行されています。

■ **有料老人ホームでの過ごし方**

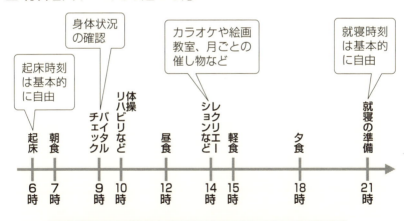

Column

ホームに居られなくなることはあるのか

　有料老人ホームに入居して、気になるのはいつまでホームに居ることができるのかということです。

　認知症の発症や、転倒して重度のケガを負ってしまうと、ホーム側から「看護師や介護士の体制が不十分なので病気やケガをした人の世話をするのは難しい」と暗に退居を迫られることもあるようです。

　老人ホームの入居時のパンフレットには、「ご家族の希望する時期までご利用いただけます」などと記載されていることが多いようですが、「特に問題がなければ居続けることができる」ぐらいの意味合いと思っていた方が無難でしょう。

　たとえば病気で医療行為を含めた介護が必要になった場合や、他の入居者に危害を加えるような行為をするような場合、看護師や介護士の配置が不十分、他の入居者の安全を確保できないなどの事情で、退居を求められる可能性があるのです。この点は、入居者の財産や生命の安全を確保するためには仕方のない部分もあるかもしれません。

　このようなことをふまえ、入居時に退去を求められるケースがどのような場合なのかをよく確認しておくことが大切です。特に心身の状況に変化があったときに、どの程度まで介護を受けられるのか、またどのような場合に退居が求められる可能性があるのか、といったことを聞いておくべきでしょう。さらに、何らかの問題が生じて退居せざるを得なくなった場合にはどう対処するかといったことも事前に検討しておく必要があります。受け入れてくれる他の施設を自分で見つけなければいけない場合もありますが、入居しているホームの系列の施設に優先的に入れてもらえる場合もありますから、そのあたりの確認も怠らないようにしましょう。

第5章
財産管理が必要になったときの制度

1 財産を管理するための方法にはどんな手段があるのか

本人の状況、必要な支援の程度と期間・費用等を総合的に考える

■■ 財産管理についての情報を手に入れる

　実際に財産管理を他人に委ねることを考えたとき、また将来の自分や家族の生活を安定させようと考えたとき、どの制度を利用すればよいのか、わからなくなることもあると思います。専門家に相談したり、自治体の相談窓口に相談する前に、ある程度自分で理解しておくことは、さまざまな場面で役立ちます。各地域の福祉相談窓口や専門家による支援センター、法務省や厚生労働省といった政府機関のホームページでも各制度についてわかりやすく説明がなされています。こうしたホームページも参照してみるとよいでしょう。

■■ まずは親の財産を把握する

　いざ親の介護が必要となり、さまざまな費用がかかることになったという時点において、「親の財産がどのようになっているのか全く見当がつかない」という状態になってしまうと、とても面倒なことになります。当面は子が費用を立て替えることで場をつなぐことはできますが、これは非常に負担のかかることです。また、親が自分の財産の保管状況について口頭でしっかりと説明することができればよいのですが、もしものときにはさまざまな原因によって説明ができない状態に陥っているかもしれません。

　そこで、親の判断能力がしっかりとしているうちに、預貯金・有価証券・不動産などの財産、加入している保険などについては、リストを作っておいてもらい、いざというときに子などの第三者が財産状況を把握できるよう、準備をしておいてもらうべきでしょう。

ただし、リストを作成したとしても、その情報の詳細を、直ちに子に開示する必要性はありません。リストを作成したことと、どこに保管してあるかということ、いざというときにその内容を確認してほしいということさえ伝えてあれば、十分だといえるでしょう。

また、預貯金口座に入っているお金を窓口で引き出せるのは、原則として本人だけです。いくら親の介護・医療費に充てるためとはいえ、親の口座のお金を子が代わりに引き出すことはできません。そこで、あらかじめ一定の金額を「介護・医療費用」の口座に入れておき、その口座のキャッシュカードの保管場所・暗証番号などを子に伝えておくなどという対策をとっておくことも有効な手段です。

ただし、親子とはいえ、財産の情報の取扱いには十分気をつけなければなりません。親としては、元気なうちから財産状況を子にすべて開示することには抵抗があるでしょう。また、他の子には全く何の話もしないままに「長男だけには教えておく」といった方法をとってしまうと、他の兄弟姉妹から後々「兄さんだけが財産を独り占めしようとしている」などと思われ、トラブルに発展する可能性もあります。

財産に関することは、なるべく兄弟姉妹によって差が生じないよう、相談・報告をしておくことが大切です。元気なうちからすべての情報を開示しておく必要はありませんが、変に秘密裡に進めてしまうことで厄介な問題を引き起こしたり、時には横領や着服の問題に発展してしまう場合もあります。こうした点には十分配慮した上で、慎重に話を進めていく必要があるでしょう。

■■財産管理を人に頼みたい場合の手段

財産の管理については、信託、法定後見、任意後見、財産管理委任契約、といった複数の方法が考えられます。親自身の判断能力が衰えてしまうとこのような制度を利用することも難しくなりますから、親と相談した上で、どのような方法で財産を管理するかを親に決めてお

いてもらうとよいでしょう。

・**現時点で判断能力が十分ある場合**

　親が、「今のところ判断能力は十分だが、少しずつ物忘れが増えてきているため、今のうちに自分の将来に備えておきたい」と考えているケースでは、現時点では判断能力に問題がないため、法定後見制度を利用することができません。このような場合、任意後見契約や財産管理委任契約を結ぶか、信託を利用することが考えられます。

　この場合、判断能力が実際に不十分になってから他人の支援を必要とする場合には任意後見契約を考え、判断能力が十分な現時点から財産管理を他人にまかせたい場合には原則として財産管理委任契約を結ぶのが妥当でしょう。信託については、契約の定め方によってはどちらの場合にも利用することができますが、金融機関などのサービスを利用する場合にはある程度の信託財産が必要になります。

・**現時点で判断能力が不十分な場合**

　既に親の判断能力が不十分な状態の場合、法定後見制度の利用を考えてみましょう。他の制度を利用するには契約が必要になります。契約には判断能力が必要とされますから、判断能力が不十分であることが利用の前提となる法定後見制度の利用を考えるわけです。

　法定後見には後見・保佐・補助がありますが、本人の判断能力の状況とどの程度の支援を求めるかによって申し立てる種類を決めるとよいでしょう。特に注意すべき点として、後見は後見人に全面的に支援を依頼することができますが、本人の判断能力の不十分さについてはかなり重度の状態が求められるということがあります。

　また、保佐や補助はある程度支援内容を自由に定めることができますが、補助の場合には鑑定書が不要というメリットがあります。鑑定書の作成には結構な費用と時間がかかりますから、判断能力がある程度残っている場合には補助開始の申立てを検討するとよいでしょう。

■ 社会福祉協議会に財産の管理を相談する

　日常生活自立支援事業は、都道府県の社会福祉協議会が実施主体となって行っている事業です。

　日常生活自立支援事業は、認知症の高齢者や知的障害者、精神障害者などのうち、判断能力が不十分な人が、住んでいる地域で自立した生活が送れるように支援しているものです。対象者は、判断能力が不十分な人で、かつ福祉サービスの利用や金銭管理が難しい人です。

　ただし、日常生活自立支援事業は、本人を支援するサービス内容の範囲が狭いという欠点があります。そもそもの制度の目的が、「福祉サービスを安心して利用できるように、契約の締結や各種手続きをサポートすること」にありますので、金銭管理だけのサポートを頼むことは難しくなっています。また、サービスの具体的な内容は、実施主体によって異なっていますので、地域によって頼めること・頼めないことの違いが生じているという現状があります。

　なお、日常生活自立支援事業は、利用する本人にもある程度の判断能力が求められますので、成年後見制度よりは利用できる人が少ないといえます。

■ 財産管理を人に委ねる方法

	現在（判断能力あり）	現在（判断能力不十分）	将来（判断能力不十分）
法定後見	利用不可	利用可能	利用継続
任意後見	任意後見契約締結可	原則契約締結不可	任意後見契約締結済みの場合、利用可能
財産管理委任契約	利用可能	契約締結能力がない場合には不可	契約締結能力がなくなった場合不可（任意後見契約を締結している場合には任意後見に移行）
信託	利用可能	契約締結能力がない場合には不可	判断能力があるときに信託契約を結んでいた場合にはその内容に従って運用される

2 成年後見制度とはどんな制度なのか

判断能力の衰える前後が基準になる

■■ 判断能力が不十分な人を助ける制度である

　親が認知症を発症した場合など、判断能力の低下の度合いが深刻になることもあります。このような場合に利用できる制度として成年後見制度があります。

　成年後見制度とは、精神上の障害が理由で判断能力が不十分な人が経済的な不利益を受けることがないように、支援してもらえる人（成年後見人等と呼ばれます）をつける制度です。精神上の障害とは、知的障害や精神障害、認知症などです。

　成年後見人等は、本人の身の回りの事柄に注意しながら、本人の生活や医療、介護といった福祉に関連した支援や管理を行います。

　成年後見人等が行う支援とは、本人に代わって不動産の売買を行ったり（代理）、本人が行った売買契約に同意を与えることです。権限の種類や内容はそれぞれ異なっており、保佐や補助では支援者に同意権が認められているのに対し、成年後見では支援者に同意権がないといった違いがあります。ただし、どの制度を利用している場合でも、日用品の購入などの日常生活上行う売買などは、成年後見人等の仕事の対象とはなりません。これらの行為は、本人が単独でしても取り消すことができません。なお、成年後見人等が支援できる内容は、財産管理や契約などの法律行為に関するものに限られています。食事の世話や入浴の補助といった介護関係の仕事（事実行為）は成年後見人等の仕事には含まれません。

　成年後見制度は、法定後見制度と任意後見制度からなります。任意後見制度は本人の判断能力が低下する前から準備をしておいて利用し

ますが、法定後見制度は判断能力が実際に衰えた後でなければ利用できません。法定後見の場合には、精神上の障害や認知症などによって判断能力が不十分な人のために、家庭裁判所が選任した成年後見人等が、本人の財産管理の支援、介護保険などのサービス利用契約についての判断など、福祉や生活に配慮して支援や管理を行います。成年後見人・保佐人・補助人の候補者が決まっていない場合、家庭裁判所が本人に適する人を選任します。その際、候補を配偶者に限らず、介護や法律の専門家など幅広い候補の中から、本人の事情を考慮して適任者を選びます。また、成年後見人等は、必要があるときには複数人が選任される場合もあります。

■ 法定後見には３種類ある

法定後見制度は、後見、保佐、補助の３つに分かれ、本人の精神上の障害の程度によって区別されます。

① 後見

判断能力が欠けている人を対象としています。精神上の障害によって判断能力のない状態が常に続いている状況にある人を支援します。支援する人は、成年後見人と呼ばれます。

② 保佐

■ 成年後見人等の仕事に含まれないもの

法律行為や事実行為	例
実際に行う介護行為などの事実行為	料理・入浴の介助・部屋の掃除
本人しかできない法律行為	婚姻・離縁・養子縁組・遺言作成
日常生活で行う法律行為	スーパーや商店などで食材や日用品を購入
その他の行為	本人の入院時に保証人になること 本人の債務についての保証 本人が手術を受ける際の同意

判断能力が著しく不十分な人を対象としています。精神上の障害によって著しく判断能力が不十分な人を支援します。簡単なことは自分で判断できるものの、法律で定められた一定の重要な事項については、支援してもらわなければできないような場合です。本人を支援する人を、保佐人と呼びます。

③　補助

精神上の障害によって判断能力が不十分な人を対象としています。本人を支援する人を補助人と呼びます。保佐と補助の違いは、本人の判断能力低下の程度です。

被補助人の場合、成年後見や保佐と比べると本人に判断能力が認められる状態ですので、補助人に認められる取消権や代理権も「申立ての範囲内」で付与されることになる点が特徴です（次ページ図）。

■■ 法定後見制度の申立て

本人の判断能力が不十分であるなどの理由から法定後見制度を利用する場合、家庭裁判所に後見等開始の審判の申立てを行います。本人が申立てをすることができない状況の場合には、本人の配偶者や四親等以内の親族、検察官が申立てをすることができます。四親等内の親族とは、配偶者と四親等内の血族・三親等内の姻族（配偶者の親族を本人から見た場合、姻族と呼びます）を指します。

申立時には、申立書及び申立事情説明書、親族関係図、本人の財産目録及びその資料、診断書などの書類を提出します。

申立手数料として、1件につき800円、登記手数料として2600円かかります。共に収入印紙で納付します。その他の費用として郵便切手代、鑑定を行う場合には5〜10万円程度の鑑定料が必要です。

■■ 手続きの流れ

申立ての当日に、裁判所書記官が申立書および申立関係書類の点検

を行い、家庭裁判所調査官あるいは参与員は申立人と成年後見人等の候補者から事実関係を確認します。この際に、本人の状況を生活や財産面、判断能力の面などから確認します。申立時に立てられた成年後見人等の候補者についての判断も行われます。後見や保佐の場合には、本人の精神状況についての医師等による精神鑑定が行われます。親族の意向についても確認します。具体的には、申立内容や成年後見人等の候補者を親族に書面で伝えて確認します。可能な場合には家庭裁判所で本人調査を行い、本人の意向を確認します。本人が家庭裁判所に出向けない場合、本人のところに家庭裁判所調査官が出向きます。

　家庭裁判所は、鑑定・親族への意向照会・本人調査の結果から、内容について検討、判断します（審理）。審理を経て、審判をした家庭裁判所は、その審判内容を申立人と成年後見人等に送ります（審判書の送付）。審判では、申立書に書かれている成年後見人等の候補者がそのまま選任されることが多くあります。ただ、場合によっては候補者ではなく司法書士や弁護士が選任されることもあります。

　裁判所から審判書を受領してから、異議もなく2週間経過すると、審判が確定します。審判が確定すると、法定後見が開始され、法務局に法定後見開始の事実についての登記がなされます。

■ 法定後見と任意後見における取消権と代理権

		取消権	代理権
法定後見	成年後見人	日常生活に関するものをのぞくすべての行為	財産に関するすべての法律行為
	保佐人	民法13条1項所定の本人の行為について取り消せる	申立ての範囲内で審判によって付与される
	補助人	申立ての範囲内で審判によって付与される	申立ての範囲内で審判によって付与される
任意後見		なし	任意後見契約で定めた事務について

第5章 ◆ 財産管理が必要になったときの制度

3 任意後見制度について知っておこう

任意後見契約は公正証書で作成しなければならない

■ 任意後見契約を結ぶ

任意後見とは、将来、自分の判断能力が衰えたときのために、受けたい支援の内容と、支援をしてもらえる任意後見人（任意後見受任者）を決めておき、あらかじめ公正証書による契約をしておく制度です。支援内容とは、不動産の売買などの財産管理や介護サービス利用時の手続きと契約などです。将来、本人の判断能力が不十分になったときに、任意後見人（任意後見受任者）などが家庭裁判所に任意後見監督人選任の申立てを行うことで、任意後見が開始されます。

任意後見が実際に開始される前に、支援する人と本人の間で将来の後見事務について取り決める契約を**任意後見契約**といいます。

任意後見の契約書は、本人と任意後見受任者が公証役場に出向いて、公正証書で作成します。公証役場では、本人の意思と代理権の範囲などを公証人が確認します。任意後見契約書を作成した後、公証人は、管轄の法務局に任意後見契約の登記を嘱託します。法務局では任意後見契約について、本人と任意後見受任者が誰であるか、代理権の範囲がどの程度であるか、といった内容が登記されます。

本人と任意後見受任者の間で任意後見契約を結んだだけでは、効力は発生しません。実際に任意後見監督人が選任されたときに任意後見受任者は任意後見人となり、効力が発生します。

任意後見監督人は、任意後見人が任意後見契約の内容に従って後見事務を行っているかどうかを監督します。

任意後見契約には3パターンあります。1つ目は、判断能力が十分な時に将来に備えて任意後見契約を結んでおくパターンです（将来

型)。2つ目は、判断能力が十分なうちは委任契約で財産管理を委任し、判断能力が不十分になった場合に任意後見を開始するようにしておくパターンです(移行型)。3つ目は、任意後見契約を結んですぐに任意後見監督人選任の申立てを行うようなケースです。本人に判断能力がある場合で、それが低下し始めた段階で本人が気づいて、任意後見契約を結ぶものです。補助を選ぶこともできますが、任意後見制度を利用したいと考えた場合、任意後見契約を締結してすぐに効力が生じるように家庭裁判所に申立てをすることもできるのです(即効型)。

■ 公正証書の作成方法と費用

公正証書は、公証役場で公証人が法律に従って作成する公文書です。原則として公証人は、公証役場で仕事を行っていますが、体力的な理由などで公証役場に本人が出向けないような場合、本人の自宅や入院先などに公証人の方が出向いて公正証書を作成することもあります。

任意後見契約公正証書を作成する場合には、戸籍謄本や住民票など

■ 任意後見契約利用のポイント

	将来型	移行型	即効型
財産管理の方針・制度利用の目的	将来判断能力が低下したときになってはじめて支援を頼む	将来判断能力が低下したときはもちろん、判断能力のある現在から支援を頼む	既に判断能力が落ちつつある現在からすぐに支援を頼む
任意後見契約締結時の状態	判断能力が十分にあり、自分のことは自分ですべて行える	現在、判断能力は十分にある	現在、判断能力が落ちてきているが、任意後見契約の締結を行う能力はある
契約締結後の動き(実際に行うこと)	任意後見契約を締結するにとどまる。将来判断能力が低下したときに、任意後見監督人選任の申立てを行う	任意後見契約と委任契約を同時に結んでおき、早速、委任契約に基づいて財産管理を委ねる	任意後見契約を締結してすぐに任意後見監督人選任の申立てを行い、任意後見を開始する

本人であることを確認できるものを持っていく必要があります。公正証書を作成する費用は以下の通りです。
・公正証書作成基本手数料　1万1000円
・登記嘱託手数料　1,400円
・法務局に納付する印紙代　4,000円
・書留郵便の料金　約540円
・用紙代　250円×枚数分

■■ 任意後見契約の終了

　任意後見契約は、任意後見契約の解除、任意後見人の解任、本人について法定後見の開始、本人の死亡、任意後見人の死亡などにより、終了します。通常の委任契約であれば、当事者の一方の申し出あるいは両者の合意によって、いつでも解除できますが、任意後見契約は、条件を満たした場合にはじめて解除できます。任意後見契約では、任意後見監督人が選任される前に解除する場合と選任後に解除する場合とで、条件が異なります。任意後見監督人が選任される前に解除する場合には、本人か任意後見受任者のどちらからでも解除できます。解除を申し入れる場合、公証人の認証を受けた解除通知書を相手に送る必要があります。認証とは、署名や署名押印、記名押印が本人のものであることを公証人が証明することです。任意後見監督人選任後に解除する場合は、解除するのに正当な理由や事情がある場合に、家庭裁判所の許可を受け、解除できます。

　任意後見人の解任は、本人や本人の配偶者や親族、任意後見監督人、検察官が家庭裁判所に請求できます。任意後見人が職務を行うにはふさわしくないと判断された場合に解任されます。

　本人や任意後見人が死亡した場合、契約終了となります。任意後見人が破産手続開始決定を受けた場合や、任意後見人自身が後見開始の審判を受けた場合にも、任意後見契約は終了します。

4 財産管理委任契約・任意代理契約について知っておこう

自分にかわって財産を管理してもらう契約

■ 財産管理委任契約とは

「判断能力が衰えてからではもう遅い。あらかじめ財産の管理をしっかり整えておきたい」という場合、親自身が契約を結び財産の管理を人に任せるという方法があります。

このような場合、自分に代わって財産を管理してもらうように**財産管理委任契約**を結びます。任せる人に代理権を与えることから、任意代理契約と呼ばれることもあります。財産管理委任契約では、財産管理の他に身上監護の事務を任せる契約を結ぶことができます。なお、任意後見契約と同時に財産管理委任契約も結ぶことができます。

■ 財産管理委任契約の依頼内容

財産管理委任契約で委任を受けた人のことを受任者といいます。財産管理委任契約で受任者に委任(依頼)する内容として定める事項は大きく2つに分かれます。1つは財産管理、もう1つは身上監護(生活・療養看護に関する事務のこと)と呼ばれるものです。

財産管理とは、受任者が本人の財産を適切に管理することをいい、具体的には銀行での現金の引出し・預入れ・振込、家賃・電気・ガス・水道・電話代などの支払い、保険の契約・解約、保険金の請求といった事項のことを意味します。

一方、**身上監護**とは、医療や介護など、本人の心身を守るために必要なサービスの利用に関わる事務処理をいいます。介護などの身の回りの世話を行うこと(事実行為)は、身上監護の範囲の中には含まれていませんので注意しましょう。身上監護の具体例は以下の通りです。

- 入院するときの手続き
- 介護施設に入所するときの手続き
- 入院中・退院時に必要となる手続き
- 介護保険の要介護認定の申請
- 介護サービスの利用時に必要な手続き
- 介護サービスの内容の変更、解除、契約更新など
- 医療・介護サービスを利用したときの費用の支払い

■ 財産管理委任契約締結のメリット

　銀行などの金融機関の口座から多額の現金を引き出す場合、本人確認が必要になります。定期預金口座の解約や多額の振込を行う場合も同様です。

　このような本人確認が必要な行為を本人以外の者が行う場合には、本人が交付した委任状が必要になります。また、役所で戸籍関係の書類や住民票などの交付を本人以外の者が請求する場合も、原則として委任状が必要になります。

　しかし、財産管理委任契約は手続きの代行等を包括的に委任するので、結んでおくと、個々の手続きのたびに新たな委任状を作成する手間が省けます。契約後に本人が寝たきり状態になり、委任状を作成できない状況になったとしても、受任者は本人のために手続きをすることができます。

　特に子が複数いる場合には、契約を結ぶメリットは大きいでしょう。身内に財産を危うくするような者がいる場合には、信頼のおける人に委任することで、自分の財産を守ることができます。子の中の一人に財産管理や療養看護を任せた場合に、その子が親の委任を受けて行っていることを、他の子をはじめとする周囲に対して、示すことができるからです。これによって、受任者である子は気兼ねなく親の手助けをすることができますし、親も他の者との兼ね合いを考える必要がな

くなります。

■■ 財産管理委任契約締結の注意点

　財産管理委任契約の受任者を選ぶときに一番の基準とすべきことは、「その人が信頼できる人かどうか」ということです。候補者が専門家の場合には、月ごとに数万円程度の報酬を支払うことになりますから、遠慮したり妥協したりせずに、依頼内容にあった専門家を選ぶようにしましょう。

　また、「受任者に権限を与えすぎない」ことも大事です。特に、財産管理を委任する場合には、財産の処分までは権限に含めないようにすべきでしょう。

■■ 財産管理委任契約書の上手な作り方

　財産管理を頼む相手が決まると、受任者に依頼する項目や付与する権限を定める財産管理委任契約を締結することになります。契約書は当事者間で自由に作成することもできますが、法律の専門家である公証人に作成してもらうことで後々のトラブルを防ぐことが可能になります。

■ 財産を管理するための生前・死後の手段

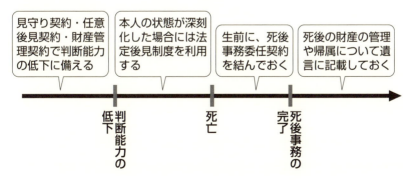

5 信託やリバースモーゲージを活用するという方法もある

委託者、受託者、受益者がいる

■■ どんなしくみなのか

信託とは、簡単に言えば、他人を信じて何かを託すということです。信託契約では、何かを他人に依頼する者を委託者、依頼される者を受託者、信託契約によって利益を受ける者を受益者といいます。

たとえば、不動産を所有しているAさんがいたとします。Aさんは、これまで自分で不動産を運用し、それによって得た利益で生計を立ててきました。しかし、高齢になったAさんは、次第に心身の衰えを感じるようになり、自分で不動産の運用を続けていくことが負担になってきました。そこで、長男であるBに不動産の運用を任せ、運用で得た利益を自分の生活費に充てるように頼みました。このとき、AさんとBさんの間で締結される契約が信託契約です。信託契約では、Aさんが委託者及び受益者、Bさんが受託者になります。

信託契約は、契約の中で、財産の処分や信託の目的、受託者になる者が行うべきことなどを取り決めます。また、信託した財産の名義は委託者から受託者に変更されます。

なお、信託をするには、信託契約の締結の他にも、自己信託、遺言による信託などの方法があります。

■■ 自宅を担保にして年金を受ける

リバースモーゲージとは、自宅を担保にした年金制度の一種です。

自宅を所有しているが、収入が少ないという高齢者が、自宅を担保にして金融機関から借金という形で年金を受け取ります。そして、高齢者の死亡時に、高齢者の自宅を相続人が売却して借入金を返済し、

残額は、相続人が取得します。介護や医療でお金がかかるがその費用を工面するのが難しい場合などに有効な方法です。

リバースモーゲージを行う際に信託を利用することもできます。委託者が自分の不動産に信託を設定し、信託不動産に抵当権を設定することで金融機関から融資を受け、委託者の死亡後は債務返済後、残りの財産があれば相続人に相続させます。信託を利用したリバースモーゲージには、複数の不動産を合わせて信託財産として年金の原資にできる、委託者死亡後の遺産の整理が円滑に行われるといったメリットがあります。

■ 後見制度支援信託とはどのような制度なのか

後見制度支援信託とは、後見制度（成年後見制度と未成年後見制度のこと）による支援を受けている人（被後見人など）を対象とした制度です。被後見人などの財産を適切に管理し、保護することを目的としています。法定後見人は、家庭裁判所の指示に基づき、被後見人の財産を信託財産として信託会社との間で信託契約を締結します。信託会社が受託者、被後見人が委託者兼受益者になります。なお、被後見人の財産のうち、日々の生活に必要な金銭については、信託財産とはせず、後見人が直接管理します。また、法定後見人の管理する金銭が不足する場合には、家庭裁判所の指示に基づいて、銀行から払戻しを受けることになります。

後見制度支援信託には、後見人の不正を防止することができる、後見人の財産管理についての負担を軽くすることができる、といったメリットがあります。ただし、後見制度支援信託で信託財産になるのは金銭のみです。金銭以外の不動産・高価な動産などは信託財産にはならないという点に注意が必要です。なお、信託財産は、国債・株式などを使って運用されますが、信託が終了した時点では財産を金銭にして受益者に渡されます。

6 お金がないときにどのように医療費・介護費を捻出するか

さまざまな費用負担軽減制度を知っておくことが大切である

■■ 医療費が高額になった場合

　親の入院費用や介護費用とは、長期化するケースも多く、高額の費用負担が必要になります。医療や介護については、本人負担額が一定限度額を超えないようにするための各種制度が整えられています。病院や介護施設の職員などから説明を受ける機会があると思いますが、本人や家族がそういった制度を把握しておくことが大切です。

　公的医療保険制度には、自己負担額が一定の基準額を超えた場合に超えた部分の額が支給される高額療養費という制度があります（31ページ）。支給を受けるためには高額療養費支給申請書などの一定の手続きが必要になるため、加入している公的医療保険の窓口（健保・国保・後期高齢者医療制度）に問い合わせてみるのがよいでしょう。

■■ 施設を利用した場合の食費などの軽減

　施設を利用する際に生じる食費や居住費用は本人が負担するのが原則ですが、世帯全員が住民税非課税など、一定の要件を満たす場合には食費・居住費の負担軽減を受けることができます（次ページ）。負担軽減を受けるためには、介護保険負担限度額認定申請書（216ページ）を提出し、介護保険負担限度額認定証の交付を受けることが必要になるため、市区町村に手続きについて確認してみるとよいでしょう。

　また、自己負担は原則として1割ですむと言っても、利用するサービス自体が増えてくると、その1割の額が高額になります。介護保険のサービス費用が一定の基準を超えて高額になった場合、その超えた部分について高額介護サービス費の支給を受けることができます（94

ページ）。医療と介護双方の費用が高額になった場合に活用できる高額医療・高額介護合算療養費という制度もあります（36ページ）。

■■ 世帯分離の活用

　世帯分離とは、世帯の一部を同居の家族と分ける手続きのことです。公的医療保険や介護保険の高額サービス費、生活保護の判断は、親本人だけではなく、親とともに生活している家族（世帯）の収入に応じて決められます。世帯収入があることにより、公的医療保険や介護保険の費用軽減、生活保護の対象とならないようなケースで活用できる可能性がある制度が世帯分離です。ただし、世帯分離にも要件があり、また必ずしも負担額が軽減しない可能性もあるので、市区町村などで確認することが必要です。

■ 利用者の所得状況と介護施設の食費・居住費の負担軽減

利用者負担段階区分	対象者	1日あたりの居住費(滞在費)				1日あたりの食費
		ユニット型個室	ユニット型準個室	従来型個室	多床室	
第1段階	住民税世帯非課税の老齢福祉年金受給者 生活保護受給者	820円	490円	490円(320円)	0円	300円
第2段階	住民税世帯非課税で合計所得金額及び課税年金収入額の合計が年間80万円以下の方	820円	490円	490円(420円)	370円	390円
第3段階	住民税世帯非課税で第1・第2段階に該当しない方	1,310円	1,310円	1,310円(820円)	370円	650円
第4段階(基準費用額)	非該当(食費・居住費は軽減されません)	1,970円	1,640円	1,640円(1,150円)	370円(840円)	1,380円

※東京都世田谷区のホームページを基に作成。
＊については、老健や療養病床の場合は上段、特養の場合はカッコ内の金額になる

書式　介護保険負担限度額認定申請書

第38号様式(第69条関係)

介護保険負担限度額認定申請書

(申請先)　　　　　　　　　　　　　　　　　　　　　　　　　　年　　月　　日
新宿区長　宛て
次のとおり関係書類を添えて、食費・居住費(滞在費)に係る負担限度額認定を申請します。

フリガナ		保険者番号	×××××
被保険者氏名	新宿　太郎 ㊞	被保険者番号	0000123456
		個人番号	123456789123
生年月日	昭和◯年　◯月　◯日	性別	ⓜ・女
住所	〒160-8484　新宿区歌舞伎町1-4-1	電話番号	5273-4176
入所(院)した介護保険施設の所在地及び名称(※)	〒160-◯◯◯◯　新宿区◯-◯-◯　介護老人保健施設　◯◯◯◯　電話番号 5273-◯◯◯◯	1 特別養護老人ホーム ②介護老人保健施設 3 介護療養型医療施設 4 地域密着型特養ホーム 5 その他(ショートステイ)	
入所(院)年月日(※)	平成◯年　◯月　◯日		

(※)介護保険施設に入所(院)していない場合及びショートステイを利用している場合は、記入不要です。

下記の「配偶者」には、本人と住民票上の住所が異なる配偶者又は内縁関係の方を含みます。

配偶者の有無	㊒・無　□特段の事情(　　　)	左記において「無」の場合は、以下の「配偶者に関する事項」については、記入不要です。	
配偶者に関する事項	フリガナ	シンジュク　ハナコ	生年月日	昭和◯年　◯月　◯日
	氏名	新宿　花子	個人番号	123456789012
	住所	〒160-8484　新宿区歌舞伎町1-4-1	電話番号	5273-4176
	本年1月1日現在の住所と異なる場合	〒　　　　　　　　　　　　　　　※異なる場合は、住所を記入する。		
	課税状況	区市町村民税　　課税　・　㊉課税㊉		

収入等に関する申告	□ 生活保護受給者又は区市町村民税世帯非課税である老齢福祉年金受給者です。		
	☑ 区市町村民税世帯非課税者であって、課税年金収入額と非課税年金収入額と合計所得金額の合計額が	非課税年金収入額に関する申告	㊒・無
	□ 年額80万円以下です。		有の場合
	☑ 年額80万円を超えます。		☑遺族年金(★) □障害年金

預貯金等に関する申告	☑ 預貯金、有価証券等の金額の合計が1,000万円(夫婦は2,000万円)以下です。 ※預貯金、有価証券等に係る通帳等の写しは、別添のとおり				
	預貯金額	500万 円	有価証券 (評価概算額)	0 円	その他(現金・負債を含む。)	0 円

(★)寡婦年金、かん夫年金、母子年金、準母子年金及び遺児年金を含みます。

申請者が被保険者本人の場合には、下記について記入は不要です。

申請者氏名		連絡先(自宅・勤務先)	
申請者住所		本人との関係	

注意事項
1　預貯金等については、同じ種類の預貯金等を複数所有している場合は、その合計を記入してください。書き切れない場合は、余白に記入するか又は別紙に記入の上添付してください。
2　虚偽の申告により不正に特定入所者介護サービス費等の支給を受けた場合には、介護保険法第22条第1項の規定に基づき、支給された額及び最大2倍の加算金を返還していただくことがあります。

7 生活保護を受けなければいけなくなったらどうする

居住する市区町村の福祉事務所で申請を行う

■ どんな人が対象なのか

　生活保護とは、月々の収入が一定以下で、預貯金等の資産もない人に対し、さまざまな扶助を行う制度です。要保護者の最低限度の生活を維持することを目的としています。なお、生活保護は原則として個人ではなく、生計を同一にしている世帯ごとに受給が行われます。

　生活保護を受給できるかどうかの大きな境になる審査項目のひとつが、扶養義務のある親族からの援助です。扶養義務のある親族による援助が期待できる場合は、生活保護を受けられないか、または受けられたとしても減額支給されることになります。

　扶養義務のある親族とは、3親等内の親族のことです。このうち、申請者の親、配偶者、子ども、兄弟姉妹といった人は法律上扶養義務があることが明記されていることから、絶対的扶養義務者といわれ、生活保護を申請した場合に、まず、援助できないかが問われます。また、絶対的扶養義務者以外の3親等以内の親族（祖父母や叔父叔母など）については、過去や現在において申請者やその家族を援助している場合など、特別な事情がある場合には扶養義務を負います。この場合に扶養義務を負う人のことを相対的扶養義務者といいます。

■ 生活保護の支給基準

　生活保護を受ける場合、居住する市区町村の福祉事務所で申請を行います。

　生活保護の具体的な支給額を決定する基準となる概念が生活保護基準です。生活保護基準は、その世帯の人数や年齢などによって決めら

れており、ここから最低生活費（水道光熱費や家賃、食費など、生活に必要となる最低限の費用）が算定されます。生活保護基準の金額は市区町村によって異なり、物価の高い地域では基準額も高めに設定されています。なお、最近では平成28年４月に基準額が見直されています（第72次改定）。

　申請世帯が生活保護の受給対象となるかどうかは、世帯の収入認定額と生活保護基準で定められている最低生活費を比較して判断されます。収入認定額が生活保護基準額より少ない場合は、生活保護が支給され、支給額は原則として最低生活費から収入認定額を差し引いた金額になります。

■■ どんな給付が受けられるのか

　生活保護の扶助には８つの種類がありますが、介護サービスの費用が生じた場合には、介護扶助が支給されることになります。

　たとえば、65歳以上の生活保護受給者が施設に入所した場合には、介護サービス利用料の９割が介護保険から支給され、残りの１割について生活保護の介護扶助が支給されることになります。これは、生活保護には他法優先の原則があるからです。これと同様に、障害福祉サービスを受けられる場合には、まずは障害福祉サービスの支給を受け、残りの部分を介護扶助がカバーすることになります。

　なお、介護扶助は、指定介護施設などに委託して行う現物給付が原則になっています。

■■ 世帯分離について

　生活保護は世帯単位で保護を行う制度ですが、世帯の一部を同居の家族と分けて保護するために、世帯分離を行うことがあります。

　たとえば、世帯員のうちに、稼働能力があるにもかかわらず収入を得るための努力をしない者がいる場合、このままではその世帯に属す

る全員が生活保護による扶助を受けることができません。そこで、他の世帯員が真にやむを得ない事情によって保護を要する状態にある場合には、世帯分離をすることによって、必要な扶助を受けることができるようになっています。

　世帯分離は、常時介護を要する寝たきりの高齢者などがいる世帯で、生活保持義務関係にある者の収入が一定以下である場合や、長期間にわたって入院・入所する者がいる世帯で、世帯分離を行わなければその世帯が要保護世帯となる場合などにも認められています。ただし、世帯分離は、福祉事務所が具体的な事情をふまえた上で、その可否判断をするものです。したがって、要保護者やその家族が要望したからといって、必ず認められるような制度ではありません。

　なお、世帯分離と異なる概念に別世帯があります。別世帯とは、家計だけでなく、生活の場も完全に別々であるという状況を意味します。
　両者の概念を混同しないように注意しましょう。

■ 世帯分離と別世帯

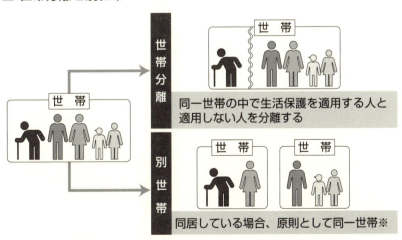

※　ただし、同居していても、子どもの独立費用を貯める必要がある場合など、例外的に別世帯として扱われる場合がある

■ 生活保護申請から決定までの流れ

| 福祉事務所に行く | ●市区町村役場や福祉事務所に行き、生活に困っていることを伝える |

↓

| 面 接 相 談 | ●相談担当者（ケースワーカーなど）により面接相談が行われる
●現在の生活状況や、収入や資産の状況などを伝え、他に利用できる制度はないか、今後の生活をどうしたらよいかなどを話し合う |

↓

| 申 請 受 付 | ●生活保護を申請するしか方法がないと判断されたときには、保護の申請をすることになる |

↓

| 資力調査
（ミーンズテスト） | ●申請に基づいて、ケースワーカーが世帯の収入や資産、扶養義務者から援助が受けられるかどうかなどを調査する |

↓

| 保護の要否判定 | ●調査に基づいて、申請者に保護が必要かどうかの判定を行う |

↓

| 保護の決定 | ●「生活保護を適用する必要がある」と判定されたときは、福祉事務所で生活保護の適用が決定される。「保護は必要ない」と判定されたときは、申請却下の決定が行われる
　判定に不満があるときには通知を受け取った日から60日以内に知事に対して審査請求の申立てをすることができる |

↓

| 生活保護費の受給 | ●生活保護が決定されると、通常は窓口に来所するように指示され、その場で第1回目の保護費が渡される
●保護受給中は定期的に担当のケースワーカーの家庭訪問がある |

↓

| 受給後の生活 | ●生活の維持向上に努める |

第6章
その他、こんな場合にどうする

1 介護をする際の心構えについて知っておこう

親が元気なうちに話し合いの機会を設ける

■ 親が高齢になったらしておくこと

　親が高齢になった場合、どうしても体力面・健康面に不安が生じることが事実です。自分の親であるため、時には目をそむけたくなるような内容ではありますが、何も対策をとらないまま親が倒れるという事態に遭遇してしまうと、精神的にも慌ててしまい、経済面でも負担が生じるという事態になりかねません。親が健在なうちに、いざという時に備えた相談を、家族全員で行っておくことが重要です。

　話し合いの際に把握しておくべき点としては、親の望んでいる内容を確認することです。たとえば、自力での生活が困難となった場合の居住地などは重要な質問事項になります。今住んでいる家を終の棲家とするか、子と同居するか、介護施設に入所するか、などの選択肢があるため、きちんと確認をとっておきましょう。

　また、医療や介護にどのくらいの金額を費やすことができるか、などの経済状態や、病気になった際の余命告知、延命治療、遺言などの問題も把握しておく必要があります。その他、介護が必要になった場合の在宅介護・施設介護の選択や、家族との連携体制の取り方、希望する施設や費用などもあわせて家族間で確認しておくのがよいでしょう。

■ 家族間で意思の疎通を図る

　高齢者を在宅で介護する場合に気をつけることは、できることは自分でやってもらうようにすることです。身内にしてみたら、つらそうな姿を見ているとつい手を貸したくなりますし、高齢者自身も体が思うように動かず、嫌がることもあるでしょうが、身体能力の低下を少

しでも防ぐためにも、寝たきりにしないことが大切です。

　たとえば、食事の時間はベッドから出てイスに座って食事をする、お手洗いへ1人で歩いていくなど、無理のない範囲でかまいません。できることを優しく勧めてあげてください。何よりベッドに1日中横になっているよりは、高齢者本人にとっても気分転換になります。

　また、介護は長期に及ぶ場合もありますので、家にいる時間の多い主婦1人が仕事を抱え込むようなことがないように注意しましょう。床ずれを起こさないようにしたり、お風呂に入れたりと力仕事もありますし、1人ですべてこなすには負担が大きいといえます。

　同居している家族だけでなく、親戚を含めて、協力しながら介護を進めていくことが大切です。

■■ 遠距離介護の場合の注意点

　遠距離介護とは、親と子が離れた場所で生活しており、互いに現在の居住地を離れないまま親の介護を行うことです。親子ともに住み慣れた環境の中で介護生活を送ることで、精神的不安を解消することができるというメリットがあります。

　実際に遠距離介護を行う場合に気をつける点としては、まずは金銭面の問題です。距離が離れていることもあり、介護のたびにある程度

■ 介護をするときの心構え

親側の要望確認	子側の要望確認
・自力生活困難時 ・病気になった場合 ・要介護時（在宅・施設） ・費用の準備 ・遺言	・自力生活困難時の居住地 ・入院時の費用 ・延命治療 ・介護体制（在宅・施設） ・遺言

↓

家族での意見疎通（意見のすり合わせ）

の交通費がかかります。期間が長くなればなるほど負担が増すため、他の家族に援助を依頼してもらう方法も検討しましょう。

また、最近では航空会社で介護割引を打ち出している所があります。通常時と比較すると3〜4割の削減をすることが可能なため、飛行機の利用が必要となる距離の場合は検討する価値があります。また、飛行機の場合はマイレージサービスを利用するのも一つの方法です。

列車の場合は、会員登録を行いインターネットで予約を行うことで運賃が割引となるサービスがあります。詳細は各鉄道会社によって異なるため、事前に確認をしておくことが重要です。

■■ 介護について相談したいと思ったら

各地域の機関や施設では、介護相談や介護支援、介護技術の習得支援を行っています。高齢者の生活全般の相談や介護に関する相談は福祉事務所や**地域包括支援センター**に相談するのがよいでしょう。

地域包括支援センターは、高齢者の生活を地域全体で支えていくための施設で、地域で暮らしている高齢者が日常生活を送る上で抱えている課題の把握や、支援するための具体的な事業を行っています。高齢者虐待の防止および早期発見にも努めています。地域包括支援センターは、日常生活圏域単位ごとに設置されますが、運営は社会福祉法人や医療法人に委託される場合もあります。地域包括支援センターには、保健師や社会福祉士、主任ケアマネジャーといった専門スタッフが配置されています。地域包括支援センターでは、こうした専門スタッフを中心として、高齢者虐待などから高齢者の権利を守る権利擁護事業や、介護予防事業・包括的支援事業を行います。

その他、市区町村の窓口よりも身近な相談場所である在宅介護支援センターは主に特別養護老人ホーム、デイサービスセンター、老人保健施設、医療機関などに併設され、日夜問わず、家族の相談に対応しています。介護技術の講習会はデイサービスセンターで行い、介護の

必要のある高齢者に各種サービスを提供しており、家族介護老人教室も利用者の家族に対して行っています。

　また、特別養護老人ホームまたは老人短期入所施設に、短期間、家族や高齢者が滞在して、介護技術を習得するというホームケア推進事業もあります。高齢者であれば、3週間程度入所してもらい、日常動作の訓練と介護の受け方の指導を行い、家族に対しては、7日程度入所してもらい介護実習を行います。

■ 予防や要支援・要介護者の自立生活を支援する事業

　介護保険の介護給付や予防給付は要介護認定で要介護・要支援の認定を受けないと利用できませんが、市町村は、要介護・要支援状態に該当しなくても利用できる事業（地域支援事業といいます）も行っています。高齢者が要支援・要介護状態にならないよう予防するための事業もあり、親の介護で悩みを抱えている人が利用できる可能性もありますから、地域包括支援センターで相談してみるとよいでしょう。

■ 介護相談に応じている機関

機関	提供しているサービス
福祉事務所	家族で高齢者を介護する場合に、悩みを相談する機関。市区町村に設置される
地域包括支援センター	家庭での介護方法や利用できる介護サービスについて相談できる機関。病院や特別養護老人ホームなどに併設されている。現在、在宅介護支援センターからの統合が進められている。
デイサービスセンター	介護方法・介護予防の知識や技術を習得させるための家族介護者教室を実施
ホームケア促進事業	高齢者と家族介護者が一緒に短期入所して、家族に介護技術・知識を習得させる制度
ファミリーサポートセンター	仕事と育児、仕事と介護の両立を支援するためのサービスを提供する機関

第6章 ◆ その他、こんな場合にどうする

2 認知症の兆候と介護の方法について知っておこう

本人の気持ちに寄り添うことが求められる

■■ 認知症と診断されたら

　認知症とぼけは同意義ととらえられがちですが、若干違いがあります。「認知症」は脳や身体の障害によって、発達していた知能が慢性的に低下してしまった状態をさし、病名ではありません。もちろん、このような状態を「ぼけ」と呼ぶこともありますが、老化に伴う物忘れや、機能を使わなかったために起きる医学用語でいう廃用性と言われる変化も「ぼけ」には含まれます。

　認知症の診断は、記憶障害、失語、失行、失認のいずれかの症状が見られないかを診断します。記憶障害とは記憶力の低下、および判断力や抽象的な事柄に関する思考力の低下が見られないかの診断です。失語は言語障害がないかどうか、失行・失認はそれぞれ、運動機能や感覚機能が損なわれていないにもかかわらず、ある動作を遂行できなかったり、対象を認識できなかったりしないかどうかの診断です。

　いずれかの症状が認められ、認知症の原因にあたる、脳あるいは身体の病気や疾患が確認された場合は、認知症と診断されます。

■■ 認知症に似た症状の場合もある

　年をとってくると誰でも物忘れしやすくなりますが、本人の自覚がある場合（見当識障害がない場合）は認知症ではありません。

　ただ、老齢期は、アルツハイマー型認知症もしくは血管性認知症による認知症が約8割を占め、前者のアルツハイマー型認知症の場合、最初は物忘れがひどくなるなど老化に伴う変化と見分けのつかない症状しか認められません。しかし、しだいに重要な約束を忘れるよ

うになったり、簡単な日常の作業ができなくなったり、最後には介護が必要な状態になるなど、段階を追って病状が進んでいきますので注意が必要です。認知症に似た症状として他には、老人に見られるうつ病（仮性認知症とも呼ばれる）があります。見極め方としては、うつ状態になる変化がはっきりしている、変化が起きるきっかけがはっきりしている、短期間で変化が表れている、などの特徴が挙げられます。これらが認められれば、認知症ではないので、うつ病としての適切な治療を施す必要があります。

■■ 認知症の患者の介護

　ぼけが始まった高齢者の介護は精神的にとても大変なものです。徘徊する姿を気味悪く思ったり、とんちんかんなことをいつまでも言い続けて、腹が立ったりすることもあるかもしれません。しかし、ここで誤った対応をしてしまうと、認知症の症状をよけいに悪化させてしまうことにつながり、結果として、介護する側の負担をさらに重くしてしまうことがあります。また、その逆に、介護する側の対応の仕方次第によっては、認知症患者の病状を安定させ、日々の生活を穏やかなものにすることが可能になる場合もあります。だからこそ、介護をする側が、認知症という病気を正しく知り、その病状を理解して、高齢者に対して適切な態度で接していくことが、介護をする上で非常に重要な要素になるのです。

　たとえば、認知症患者が、記憶障害や見当識障害（現在自分が存在している場所や時間を正しく認識できなくなる障害のこと）、幻覚などによって、事実に反することを言い出すことはよくあることです。しかし、こうした発言があるたびに、無理やりにでも正しいことを認識させようと、否定や訂正を繰り返すことは、本人にとっても介護する側にとっても非常に苦痛で負担の大きい行為となります。時と場合によっては、あえて否定せずに、認知症患者の発言に傾聴することも

大切です。「あなたの話をしっかりと聞いていますよ」「あなたの気持ちをよくわかっていますよ」という対応をすれば、認知症の高齢者は安心し、不安な感情を和らげることができます。そして、本人の気持ちが安定することは、介護する側の労力を軽減することにも繋がります。このように、ときには高齢者の気持ちになって、臨機応変に話を合わせてあげることも必要です。

　また、高齢者が不始末を起こした場合、叱ったり怒ったりして、相手の自尊心を傷つけるようなことはしないようにしましょう。認知症の高齢者は、ただでさえ、「今までできていたことができなくなってしまった」という受け入れがたい事実と直面しています。大きな無力感を抱いているところに、乱暴な物言いをしたり、きつく叱責してしまったりすると、さらに自信をなくして落ち込んでしまい、かえって病状が悪化してしまうことが少なくありません。介護する側としては、同じ失敗を繰り返さなくてすむように一定の配慮をするなど、高齢者の生活に優しく手を差し伸べてあげることが大切になります。

　その他、本人ができることについては、なるべく手出しをせず、本人の自主性に任せるということも大切です。介護する側が必要以上に世話をやいてしまうと、本人がそのことに甘えてしまい、結果として更なる運動機能や認知機能の低下を招いてしまうこともあります。また、日々の生活へのやる気を失わせたり、本人の尊厳を傷つけてしまう場合もあります。

　ただし、当然ながら、本人にできることであれば何でもやらせてよいというわけではありません。本人の心身の状況と作業の負担の大きさを考慮して、ほどよい程度で行わせることが重要です。また、本人が作業を行っている際には、近くで様子を見守るなど、本人の安全に十分配慮する必要があります。

3 施設での虐待や事故について知っておこう

地域で問題に取り組む姿勢が大事

■ どのようなことなのか

　高齢者虐待とは、基本的に高齢者の人権を侵害したり、高齢者に不当な扱いをする行為を意味します。厚生労働省による高齢者虐待についての調査によると、平成26年度には1万6000件弱の養護者（世話をしている家族、親族など）による虐待事件が生じています。

　虐待というと、殴ったり蹴ったりする行為が思い浮かびますが、高齢者虐待はそのような暴力的行為だけではなく、広範囲に及ぶとされています。平成18年の4月1日から施行された高齢者虐待の防止、高齢者の養護者に対する支援等に関する法律（高齢者虐待防止法）では、231ページの表中の行為が高齢者虐待にあたるとされています。

　高齢者虐待の加害者の多くは、介護を行っている高齢者の家族や身近な人物であるケースが多く、特に高齢者が認知症などの自律性を欠く病気を患っている場合に虐待が起こる割合は高くなっています。

　また、虐待の背景には、加害者の介護による疲れや肉体的・精神的ストレスが最も多く挙げられ、虐待を受けた本人だけでなく加害者の方にも精神的な苦痛が伴っているのが高齢者虐待の特徴だといえます。

■ 防止への取り組みについて

　昨今では、介護職員が施設内で起こす虐待行為も問題視されています。施設の職員が利用者に対して暴力や虐待をするということは、決してあってはならないことです。しかし、残念なことに、こうした問題が発覚し、報道機関などによって大きく取り上げられるというケースも実在しています。

第6章 ◆ その他、こんな場合にどうする

高齢者虐待の防止への取り組みについて、高齢者虐待防止法では虐待の通報義務を定めています。その他、虐待された高齢者の施設入所措置も採られるようになりました。しかし、被害者である高齢者はあまり外出することがないため、虐待があるという事実がなかなか外部に知られないことが、高齢者虐待の抱える問題のひとつでした。そこで、高齢者虐待の発見や防止への取り組みとして、第三者が早期に介入できるシステム作りが求められていました。

　そのため、**高齢者虐待防止法**では、被害者の生命に危険が及んだり、緊急を要する場合に、市区町村が家庭に立ち入りできることが認められています。この立入り調査については、老人ホームなど、家庭以外の施設に対して行うことも可能です。

　高齢者虐待の原因の多くは、本人や加害者間だけで解決できるものではなく、家庭全体に関わってくる深刻な問題となっています。

　被害者本人だけでなく、世話をしている家族の負担が重くなり過ぎないようにするために介護の相談や支援などのサポートを有効活用することが大切です。また、地域全体でこのような虐待を防ごうという意識を高めていくことも大切だといえるでしょう。

■ 介護施設で起きる事故の種類

　介護施設で起きる可能性がある事故にはさまざまなものがあり、主なものは以下の通りです。

　施設側は、利用者が安全・快適に生活することができるように配慮する義務（安全配慮義務）を負っています。施設側が安全配慮義務に違反したために、事故が起き利用者がケガをした場合、利用者は施設側に安全配慮義務違反を理由とする損害賠償請求をすることができます。

・転倒・転落事故

　介護施設において発生する事故の中で、最も多く発生する事故が、転倒・転落事故です。

・誤嚥事故

　誤嚥とは、食べ物が誤って気管に入ってしまうことをいいます。

・身体拘束

　身体拘束とは、入所者である高齢者を固定し、身体の自由をきかなくするための行為です。この行為は、高齢者の人権を侵害するとされ、虐待とみなされる可能性があります。

・床ずれ

　床ずれとは、褥瘡とも呼ばれ、体の一部が体重で圧迫されることで、血液の循環が悪くなり、皮膚が発赤するなどの症状が生じてしまうことをいいます。

・徘徊・無断外出・失踪

　介護施設の利用者は、精神的機能が低下しているため、施設側が適切な管理をしていないと、施設内外を徘徊、あるいは無断で外出をすることも珍しくありません。

・管理の不備に基づく事故

　たとえば、脱衣室の床が濡れたままになっており、利用者が足を滑らせて転倒してしまったというケースです。

■ 高齢者虐待に該当する行為

行為	内容
身体的虐待	殴る、蹴るなどの物理的痛みを伴う行為のこと。その他、不適切な薬の投与や身体の拘束も含む
心理的虐待	暴言や無視など、高齢者に孤立感や精神的な苦痛を与える行為のこと
性的虐待	高齢者に対して合意なく性的接触を行う行為や性的な悪戯を行うこと
経済的虐待	無断での高齢者の資産の横どりや財産の無断使用行為のこと
ネグレクト	食事を与えない、介護や世話をせずに長時間放置する、必要な介護サービスを受けさせないといった行為

【監修者紹介】
若林　美佳（わかばやし　みか）
1976年神奈川県生まれ。神奈川県行政書士会所属。平成14年行政書士登録。相武台行政書士事務所（平成22年2月に行政書士事務所わかばに名称を変更）を設立。病院勤務等の経験を生かし開業当初から、福祉業務に専念し、医療法人・社会福祉法人設立等法人設立を主要業務としている。また、福祉法務に関するエキスパートとして地域の介護支援専門員等との交流を深め、福祉ネットワークを組んでいる。介護保険分野では、多くの介護サービス事業所や特別養護老人ホーム設置等を手がけ、創業・運営についてコンサルティングも行っている。また、株式会社大樹苑の代表取締役に就任し、住宅型有料老人ホームの経営も行っている。
監修書に『介護ビジネス開業のための法律と実践書式46』『障害者総合支援法のしくみと福祉施設運営手続きマニュアル』『図解で早わかり　最新版　福祉の法律と手続き』『図解とQ&Aでスッキリ！　障害者総合支援法のしくみ』『図解　福祉の法律と手続きがわかる事典』『介護保険・障害者総合支援法のしくみと疑問解決マニュアル129』『社会保障・介護福祉法律用語辞典』『介護施設の法律問題・施設管理マニュアル』（小社刊）などがある。
行政書士事務所　わかば
http://www.mikachin.com/kaigoindex

すぐに役立つ
困ったときに読む
入門図解　親の病気・入院・介護
手続きサポートマニュアル

2016年12月10日　第1刷発行
2017年 2月10日　第2刷発行

監修者	若林美佳	
発行者	前田俊秀	
発行所	株式会社三修社	
	〒150-0001　東京都渋谷区神宮前2-2-22	
	TEL　03-3405-4511　FAX　03-3405-4522	
	振替　00190-9-72758	
	http://www.sanshusha.co.jp	
	編集担当　北村英治	
印刷所	萩原印刷株式会社	
製本所	牧製本印刷株式会社	

Ⓒ2016 M. Wakabayashi Printed in Japan
ISBN978-4-384-04735-6 C2032

JCOPY〈出版者著作権管理機構　委託出版物〉
本書の無断複製は著作権法上での例外を除き禁じられています。複製される場合は、そのつど事前に、出版者著作権管理機構（電話 03-3513-6969 FAX 03-3513-6979 e-mail: info@jcopy.or.jp）の許諾を得てください。